THE POLITICALLY
INCORRECT GUIDE TO
AMERICAN HISTORY

你一定不知道的
美国史

［美］托马斯·伍兹（Thomas E.Woods）／著
陶文佳／译

上海社会科学院出版社

致 我 的 母 亲

前　言

威尔·罗杰斯[1]曾说过，美国的问题并不在于人们有多无知，而在于他们自以为了解的知识根本不是那么回事。

这位伟大而幽默的作家的观察用在美国历史研究的领域再贴切不过了。至少在过去几十年里，大部分学生所接触到的美国历史故事只不过是一系列沉闷老套的陈词滥调而已：美国内战全是因为奴隶制，反垄断法从邪恶的大公司手中拯救了我们，富兰克林·罗斯福让我们走出了大萧条，凡此种种。本书将在简短的篇幅中力求将从殖民地时期一直到比尔·克林顿总统任期的历史拨乱反正。

简单说说这本书绝对不是什么。它并不是对美国历史的完整概论，我也没打算这么做。那些有兴趣对某个问题进行更细致研究的读者也许可以参考一下我精挑细选过的参考书目，这个书目既是表达我对那些为我的学识提供无尽帮助书籍的感激，也是为想要寻找美国历史真相的读者提供一个安全可靠的书单（我可不是要为书目

---

[1] 威尔·罗杰斯（Will Rogers，1879—1935），男。美国幽默作家。在20世纪20—30年代由于其朴素的哲学思想和揭露政治的黑暗而广受美国人民爱戴，他也是有名的电影演员，联合报纸专栏作家和电台评论员。

里每一本书的每一个内容都背书，这一点不言而喻。如果有本书出现在参考书目中，我只是想要承认我在某个方面从这本书中受益，并相信其他人也会一样受益）。不幸的是，所列的有些书已经绝版了，但对感兴趣的读者而言，基本上所有这些书都可以找到，这多亏了二手书电子交易网站。

因此，本书将不会采取系统性的叙述，而将介绍美国历史上更具争议性的方面，本书特别针对的是那些认为标准叙事或典型的教科书说服力不够或太有意识形态偏见的读者。有些读者可能会发现，他们特别感兴趣的某个话题我只是一笔带过，或者可能根本没提到，但这本书的篇幅决定了某种程度的取舍是必须的。我希望读者会觉得我在书里所写的内容趣味十足、富有挑战，希望他们认为相较于主流历史书中那些陈旧而老套的俗论，这本书会是一股清流。

我要感谢纽约哈德逊河畔欧文顿的经济教育基金会，他们允许我在写作"自由之思想"（最近又重新改回了"自由人"这个题目）时用了一些文章，其中包括《战争时期繁荣的迷思》（The Myth of Wartime Prosperity）、《美国自由的殖民根源》（The Colonial Origins of American Liberty）、《幼稚病经济学》（The Economics of Infantilism）、《种族、不平等和市场》（Race, Inequality and the Market）以及《拒绝联邦法令：政府的杰斐逊式刹车》（Nullification: The Jeffersonian Brake on Goverment）。

在写作本书的过程中，我采用了托马斯·迪诺伦佐、拉尔夫·雷科和马库斯·爱泼斯坦的许多有用建议。我特别感激的是南卡罗来纳州立大学历史教授克莱德·威尔逊，他主编了《约翰·C.

卡尔霍恩论文集》(Papers of John C. Calhoun)，他校对了书稿的第五章。另外，我还要感谢本校图书馆校际互借部那些总是能帮上大忙（却从不抱怨）的同事：多琳·幕纳、玛丽莲·温蒂尔和多洛莉丝·佩里罗。我还要感谢瑞格纳瑞出版公司的编辑，跟我交流最密切的罗伊娜·依齐昂，还有宝拉·德克，谢谢她们的辛勤工作和有益建议。

有些恩情对我而言更私人些。我特别感激瑞格纳瑞公司的执行主编哈利·克罗克三世，是他带着出这本书的想法找到了我。最后，我一如既往地要感谢我的妻子海瑟，她对我的恩情无法言喻。

托马斯·E.伍兹

2004年10月

纽约，柯兰

目 录

前　言 　1

第一章　美国自由的基因 　1
　自由的公式：怀疑+厌恶=自由 　2
　宗教自由？政府禁止干涉 　3
　清教徒对印第安居民的态度 　7
　清教徒并没有偷走印第安人的土地 　9
　自治政体没商量 　11

第二章　美国的保守主义革命 　13
　殖民地传统还是不列颠的创新？ 　13
　事实：美国革命与法国大革命截然不同 　16

第三章　确立宪法　19

宪法允许保留各州自治权　20

联邦政府不得干涉各州政府　23

有枪没问题　25

即便不在《权利法案》里，它也还是权利　27

各州不让联邦政府插手的，属于各州　29

宣战权：国会临阵脱逃不敢负责　30

第四章　美国政府和"1798年诸原则"　33

提供"公共福利"是大政府的基础　33

共和党VS联邦党　36

第五章　南北分裂　46

你们得到密苏里州，我们得到缅因州　47

更多的言辞谴责　48

将奴隶制关在准州门外！　49

各州为……亚利桑那州的殖民地争执不休？　50

与奴隶制相关，又不相关　53

堪萨斯城"大屠杀"　55

共和党的崛起　57

事实：当地的南方法官释放了德莱·斯科特　59

疯子出街：杀人狂约翰·布朗重回舞台　64

第六章　南北战争　67

到底是否存在一场美国内战？　68

各州有权退出联邦 69
南北战争是为了解放奴隶吗？ 72
林肯对种族问题的真实看法 73
南北方普通士兵的声音 76
全面战争的爆发 79

第七章　战后重建　83
林肯、约翰逊和总统式重建 83
南方的黑人法典 86
宪法第十四修正案和各州的权利 89
第一次弹劾总统 96

第八章　美国大企业的贡献　99
政府如何在铁路建设中鼓励浪费和腐败 100
"公平"是如何削弱美国农民的 103
"邪恶"的洛克菲勒 106
安德鲁·卡内基和标准的美国生活方式 108
赫伯特·道：被遗忘的美国英雄 109
应该废除反垄断法吗？ 111

第九章　第一次世界大战　115
战争宣传？怎么可能！ 117
饿死平民是违法的 118
德国人的反击 119
路西塔尼亚号的沉没 121

苏塞克斯承诺 125
　　德国人的最后一推 129
　　为什么威尔逊支持参战？ 129
　　和平会议：一个被威尔逊视而不见的灾难 131
　　反对者：我们不能管制整个世界 133
　　"离奇"而"激进"：威尔逊的计划 135
　　为第二次世界大战做准备 137

第十章　被误解的20世纪20年代 138
　　投票给与威尔逊正好相反的人 139
　　20世纪20年代的真相 140

第十一章　大萧条和罗斯福新政 144
　　胡佛：一个"啥都不做"的总统？要真这样就好了！ 145
　　罗斯福来了 150
　　销毁食物以帮助饥饿的人 151
　　罗斯福反商业的狂热态度延缓了经济复苏 155
　　劳工立法的后果 155
　　"公共工程"的灾难 157
　　来自最高法院的反对 158
　　第二次世界大战将美国从大萧条中拉了出来吗？ 160
　　服兵役会减少失业！ 161

第十二章　第二次世界大战的逼近 163
　　罗斯福试图让中立法案无效 165

帝王式总统逐步形成：罗斯福犯了法吗？ 166
中立的结束 167
罗斯福试图将美国拉入战争 167
罗斯福是否令对日战争变得不可避免？ 171

第十三章 第二次世界大战：后果和余波 173
罗斯福和乔叔叔——罗斯福和斯大林到底有多友好？ 174
美国总统们将 100 万俄罗斯人送还给了斯大林 177
美国本土的一桩暴行：俄罗斯人被下药
   然后遣返回家 178
马歇尔计划，成功还是失败？ 180
杜鲁门蔑视宪法 182

第十四章 公民权与种族歧视 184
不谈法律，谈谈社会学 185
从种族中立到过于纠结种族 188
让我们逼这些孩子在一起吧——即便他们每天要坐
   两小时巴士也在所不惜！ 190
堪萨斯城的乱象 194
1964 年民权法案 195

第十五章 不为人知的约翰·肯尼迪 202
真正的约翰·F.肯尼迪是什么人？ 203
林登·约翰逊：失败的遗产 207
那些被鼓励了的错误 212

缺乏职位并不能解释巨大的福利开销　　　　　　214
　　大社会计划和越南的悲剧　　　　　　　　　　　217

第十六章　"贪婪"的10年　　　　　　　　　　220
　　与众不同的里根　　　　　　　　　　　　　　　220
　　"贪婪的10年"期间的慈善捐款　　　　　　　　221
　　关于媒体热衷于痛恨的那位迈克尔·米尔肯的真相　222
　　削减预算的神话　　　　　　　　　　　　　　　224
　　减免税　　　　　　　　　　　　　　　　　　　226

第十七章　克林顿时代　　　　　　　　　　　　228
　　克林顿，一个"温和派"？　　　　　　　　　　229
　　"只有不合格的申请者才能申请"　　　　　　　230
　　CNN式的外交政策　　　　　　　　　　　　　　231
　　巴尔干半岛的不幸　　　　　　　　　　　　　　233
　　什么？大政府时代已经结束了？　　　　　　　　235

参考文献　　　　　　　　　　　　　　　　　　237
索引　　　　　　　　　　　　　　　　　　　　246

第一章　美国自由的基因

最基本事实：殖民地居民并不是"多样化"的完人。他们中的大部分都来自欧洲的同一个地方，说着同一种语言，崇拜同一个上帝。

研究殖民时期的历史学家戴维·哈克特·费舍尔认为，4次从不列颠迁徙的浪潮已经被证明，对形成美国的文化影响特别大。以下就是时间线。

1629—1640年　清教徒们在马萨诸塞湾定居。

1642—1675年　来自英格兰南部的一些贵族和为数众多的契约仆役在弗吉尼亚州定居。

1675—1725年　来自米德兰兹北部和威尔士的英国人在特拉华谷定居。

1718—1775年　来自约克郡、苏格兰和北爱尔兰边界的移民向内陆迁徙，到了阿巴拉契亚山脉的偏远地区。

> 你知道吗？
>
> 1. 13 个殖民地从来就不是个完美的联盟。
> 2. 清教徒才不是从印第安人那儿偷到土地的。
> 3. 基督教是塑造殖民地居民的最重要因素。

自由的公式：怀疑 + 厌恶 = 自由

尽管如此，即便是在这些不列颠人之间，也存在着真实、十分重要而持久的文化差异。下面的例子体现出早期殖民地居民相互间的看法。

一个清教徒对弗吉尼亚人的评价：
"世界上所有人中最没有良心、最缺乏道德诚信的家伙。"

弗吉尼亚人威廉·博德二世对清教徒的评价：
"对这些肮脏的生意人永远要充满警惕。"

清教徒和弗吉尼亚人对贵格会教徒[1]的评价：
"一星期里（他们）只有一天会为同伴祈祷，其他 6 天只顾掠夺同伴。"

---

[1] 贵格会教徒（Quakers）：贵格会是基督教的一个教派，又称教友派或公谊会，以教律严格著称。

>贵格会教徒对新英格兰人的评价：
>
>"该隐[1]的同类。"

宗教对于殖民地居民而言十分关键，不过他们虽然崇拜的是同一个上帝，也还是有不少争吵。的确，公谊会也就是贵格会教徒激怒了很多殖民地居民。清教徒本以为他们已经净化了自己英格兰圣公会的各种仪规和"迷信"，对于贵格会教徒来说却还是太形式主义了。威廉·佩恩在17世纪80年代定居于宾夕法尼亚州前几十年，居住在罗德岛的贵格会教徒跋涉到马萨诸塞州，将那里愚昧无知的居民从他们教条主义的昏睡中叫醒，令他们醒悟，发现自己的信仰原来如此乏味。贵格会教徒破坏清教徒的教堂礼拜仪式，诘问牧师，甚至赤身裸体地在教堂走廊上到处乱走。公谊会被马萨诸塞州一次又一次禁止。

这种相互仇视以一种特殊的方式对美国式自由作出了贡献：每一个宗派、每一块殖民地都对其他人干涉本宗派、本殖民地的内部事务极为警惕。正是殖民地之间的分歧才造成了这样的预设：每个殖民地都该只管自己的事儿。同样地，任何可能的中央政府也应该这样。

宗教自由？政府禁止干涉

美国宪法第一修正案就体现了这种态度：修正案禁止联邦政府插手各州的宗教事务。根据历史学家戴维·哈克特·费舍尔的阐述，第一修正案"国会不得制订法律，以建立宗教或禁止宗教信仰自由"

---

[1] 该隐（Cain）：《圣经》人物，亚当和夏娃的长子，因嫉妒弟弟亚伯而杀死了他。

的表述正是为了维护弗吉尼亚州和宾夕法尼亚州的宗教自由,并确保存在于马萨诸塞州和其他地方的现存宗教制度不受外来势力的干涉。

马萨诸塞湾的"尝试"

从学术角度讲,将最初的马萨诸塞州定居点描述为神权政体是不准确的,因为那些牧师自己并不拥有政治权力。然而这些定居点也的确有神权政体的特征。例如,在建成于1629年的马萨诸塞湾社区,人们期望法律能够尽可能准确地反映《圣经》中的准则。选举权只局限于教会成员,他们在成为教会成员之前必须经历一个与审讯相差无几的流程。而"教会的支柱们"则决定某个可能的成员是否真属于被选之人之列(已经永远地被上帝安排了要进天堂)——或该下地狱。

后者被排除在选举人之外,也不能授领主的晚餐。尽管如此,他们仍然被要求去教堂。清教徒虽一心沉浸在圣约神学[1]之中,但也相信如果他们能够成功建立一个真正的神之社区,上帝便会偏宠他们,而一旦他们失败,他们就将承受上帝的怒火。他们希望与想法相同的人生活在一起,这样就能一起实现共同的理想。17世纪30年代在马萨诸塞州起草的《戴德姆圣约》中,人们决心"我们应该尽一切努力隔绝那些与我们想法相反之人,仅仅接受那些可能与我们心意一致之人"。

人们总是强调早期新英格兰地区的社群属性,却常忽略这些清教徒对传统英国式自由的忠诚。清教徒迁徙运动中的关键人物,也是马萨诸塞湾长期的统治者约翰·温斯罗普便更希望成文法律条文

---

[1] 圣约神学(Covenant Theology):基督教改革宗神学的基本结构,把上帝与人的关系看成是上帝按照三位一体的结构与人订立的三重圣约。

越少越好，这样他和他的法官们才有根据《圣经》自行裁决的权威。然而，其他的殖民地居民却希望少些酌情裁定，并有个人权利的明确保障。

1641年，正是基于以上理由，温斯罗普在投票后暂时退出了公职，殖民地居民们订立了《马萨诸塞自由典则》。这份文件中有100多条规定，其中包括一些美国人耳熟能详的条款：无代表权则不纳税；有权在陪审团审判后才被定罪；确保若无相应法律程序，任何人都不能被剥夺生命、自由和财产（文件还有一个条款禁止丈夫殴打妻子，除非丈夫是为了自卫）。在美国宪法起草前的一个半世纪，我们便已经找到一份文件，这份文件的目的就是要限制、界定政府的权力。这是美国殖民地居民起草的众多法令之一。

随着时间推移，对清教徒生活方式的一些限制逐渐消解。例如，不断增长的人口逼着人们住得离镇中心越来越远，这就让他们更不容易受政府和宗教权威的观察和控制。另外，宗教自由主义被证明对许多殖民地居民来说吸引力越来越大。这种思想发端于集体事业，对个体自由的强调却越来越盛。

国父们怎么说

在《联邦党人文集》第二篇中，约翰·杰伊强调了这些殖民地缺乏多样性，他这么写道："上天很乐意将此联系紧密的国家赐予这群联合起来的人——他们拥有相同的祖辈，讲着同样的语言，信仰同一种宗教，相信一样的政府原则，在举止和习俗上极为相似。"

> **今日之政治正确**
>
> 当联邦法院驳回各州宗教表达自由时,他们是在蓄意扭曲宪法第一修正案制定者本想制定的政策:联邦政府完全不干涉宗教事务。

弗吉尼亚州詹姆斯敦的不同选择

弗吉尼亚州的詹姆斯敦则选择了一条截然不同的发展路径。它一开始是明显的个人主义者殖民区,直到后来才学会了集体凝聚力。弗吉尼亚最早的殖民地居民中绝大部分是年轻的单身男性。各种因素——其中最重要的一点是弗吉尼亚(并非完全言过其实)疾病横流之死亡陷阱的名声——阻止了以全家移居为特征的清教徒迁徙者。但随着死亡率的下降,加上殖民地的繁荣众所周知,全家迁往切萨皮克安家的行为变得越来越合理。

弗吉尼亚日益繁荣之后,它也变得越来越像贵族制政体。贵族制与自治原则紧密相连,而这些人非常重视他们的职责。有非常严格的要求,每个成员都需要出席城镇自治议会的公开会议,任何人无法出席都必须获得事先允许(可怜的詹姆斯·布雷,1691年,城镇自治议会被他缺席的解释冒犯得不行,议长真的下令逮捕他,一直拘留他,直到他道歉)。这一精英阶层由一群无与伦比的天才组成,当与不列颠的危机出现之时,他们能够准确地表达出不列颠在何处以何种方式威胁到了美国的权利和自由。

最终,这些殖民地一方面成功地提供了令文明生活变得可能的个体自由,同时又培育出了一种社群情感,带领他们抵制中央集权。那种社群情感随后转化为对自己殖民地的牵绊，一种本地爱国主义。

历史学家注意到弗吉尼亚人热爱自己这一片土地到了何种程度。这也是所有殖民地的共同点，即便在1787年，马里兰州人仍然以"本国"来称呼自己的州。

清教徒对印第安居民的态度

殖民地居民还要制定某种政策来应对他们遇到的北美印第安人，有些比另一些要更成功也更加公正些。很少有人会否认北美印第安人在美国的历史进程中一直都是得不到公正、被粗暴对待的受害者。然而，这些不公正令许多美国人相信，殖民地居民对印第安人除了蔑视无他，除了驱逐他们或是"偷窃"他们的土地别无追求。但哈佛大学建校十几年后就开始欢迎印第安学生，殖民地居民的确可能也确实因为谋杀印第安人而获死刑，改信基督教的印第安人居住在那些新英格兰地区"祈祷城镇"[1]时也享有相当多的自治权。

今天，提到清教徒渴望把印第安人赢到基督教这一边时，人们往往会产生不耐烦和嘲讽的反应，但请考虑一下清教徒最伟大的传教士约翰·艾略特。他1604年生，1690年去世，为了在印第安人中传播基督教信仰所作出的努力几乎令人无法相信。阿尔冈昆人[2]没有书写语言，所以艾略特学会了马萨诸塞州阿尔冈昆人的口

---

[1] 祈祷城镇（Praying Towns）：1646—1675年，新英格兰地区的清教徒开发了一些城镇，想要将当地的印第安原住民居民改信基督教。移居到这些镇上的原住民被称为祈祷的印第安人。1674年以前，这些村庄是英属美洲殖民地最雄心勃勃的基督教化实验场地。

[2] 阿尔冈昆人（Algonquin）：北美印第安人的一个分支。

头语言，为他们创造出一套书写语言，然后将《圣经》翻译成此种语言。如果艾略特和清教徒只想压迫这些原住民，他们肯定能想出简单得多的办法。

说清教徒对印第安人抱有某种种族优越感，这并不是真的。他们肯定认为自己在文化上更加优越，但很难说当他们碰上这么一群没有轮子，没有书面语言，实际上仍生活在石器时代的人时，他们要不这么想还能怎么想。然而，在种族上并不存在问题，一手建立罗德岛普罗维登斯城的罗杰·威廉姆斯[1]就相信，印第安人先天就是白种人，这一看法在清教徒中很普及。他们认为是污泥和太阳才让印第安人的皮肤变黑。

最近几十年，学者在之前清教徒对原住民残暴对待这一判断上的态度有所缓和，然而，专业研究者的研究结论通常需要花上很多时间，才会出现在普及教育者的书中。例如，有些欧洲历史总论中仍然将中世纪描绘成倒退和野蛮的，但研究中世纪的学者却十分清楚，中世纪对欧洲文明的贡献巨大，特别是现代科学的起源、大学体系的发展，并且中世纪知识分子还硕果累累。同样的，在对清教徒和印第安人的研究中：普及教育者还在说清教徒的坏话，专业研究者却经常作出结论，认为清教徒们的所作所为比人们所相信的要好得多。同样的事情还发生在对清教徒和印第安人战争的研究中。"在普及教育者的眼中，"历史学家奥尔登·沃恩解释道，"清教徒们挑起了每一次争端，并打算——有时

---

[1] 罗杰·威廉姆斯（Roger Williams）：清教徒，曾因被马萨诸塞州殖民地领袖们认为"传播新兴而危险的想法"而驱逐，1636年建立普罗维登斯，作为保护"良心之自由"的避难所。

甚至做到了——种族灭绝。与此同时，研究军事历史或相关领域的专业研究者们则认为，英国佬与印第安人的开战缘由并非如此简单、如此单方面，而虽然战争的确造成的死伤令人毛骨悚然，却从来都不至于种族灭绝。"

> **今日之政治正确**
>
> 大部分人相信印第安人没有土地所有权的概念，当他们把土地卖给清教徒时，他们并不清楚自己在干什么。这不是真的。我们从未在新英格兰地区的原住民部落中找到任何证据认为一切土地均为公有。

清教徒并没有偷走印第安人的土地

人们普遍认为清教徒在佩科特战争中偷走了印第安人的土地，有欺诈行为，或是对他们进行了种族灭绝。

这一观点今天被大多数美国人所接受，即便有许多研究者驳斥这一观点，也显然不可能被推翻。佩科特人从一开始就不是个大部落，却一直到20世纪60年代仍然在康涅狄格州被列为独立分支。另外，在英王颁布殖民地土地许可证时，根据清教徒的所做所言，他们的共识是国王的许可证授予的是对土地的政治而非财产权利。清教徒是通过印第安人的自愿放弃而获得土地的。

殖民地政府事实上惩罚了那些未经授权获取印第安人土地的个人。至于最初的定居地，罗杰·威廉姆斯首先就从印第安人那儿获取了头衔，然后才定居在普罗维登斯。普利茅斯则在定居之后获得了头衔。不过就连这一区别也微不足道，因为印第安人立即就同意了普利茅斯定居点。康涅狄格和纽黑文都遵循了威廉姆斯在普罗维登斯的做法。17世纪30年代康涅狄格山谷的英国人定居点获得了一些部落的积极鼓励，他们希望这些英国人会成为抵抗佩科特人野心的有效屏障。当时令人痛恨的佩科特部落正使用强力想进入这一区域。定居下来后，这些新英格兰殖民地居民便开始购买他们想要的其他土地。

每一个殖民地都与印第安人进行了协商，那些印第安人非常乐意卖掉土地这一对他们来说极为丰沛的商品，特别是考虑到那时的北美人口十分稀少。"作为回报，"法学学者詹姆斯·沃伦·斯普林格写道，"白人们愿意提供对于新石器社会来说极为珍稀的金属刀具、锄头和其他工具。然而，印第安人却想要布料、衣物、珠宝和其他奢侈品，好为他们的生活增光添彩。通常由当地原住民来提议类似的交易，因为他们对白人货品无比渴望，正如殖民地居民渴望更多的土地一样。"

清教徒认可印第安人在已被出卖土地上的打猎和捕鱼权利。事实上，要是清教徒不让印第安人拥有打猎权，那他们就太蠢了，因为他们自己并非猎人。承认印第安人在清教徒土地上的打猎权意味着印第安人也能获得清教徒急切想要的海狸皮。虽然时不时会有些争端，但新英格兰区的法庭通常会作出支持那些声称并未注意到边界的印第安当事人的判决。殖民地居民的确相信，被荒废或无人居住的土地可以由任何发现它的人占领，但这一想法从未用于剥夺印第安人自己的土地上，有些类似的无主土地，当它的印第安主人随后现身时，甚至都还给了他们。

一本你未必看过的书

奥登·沃恩著,《新英格兰前线:清教徒与印第安人(1620—1675)》[1],诺曼,俄克拉荷马:俄克拉荷马州立大学出版社,1995年版。

自治政体没商量

殖民地居民对加入各殖民地邦联非常谨慎,除非是为了某种实际目的、联盟权力有限,并不会侵犯每个殖民地的自治政体。1643年,因为与印第安人的冲突,新英格兰邦联成立,即便如此,马萨诸塞仍确立了各殖民地都拥有对邦联行为的一票否决权。

清教徒新英格兰区的社区生活生机勃勃又富有激情,这种特性和自我管理的习惯到了17世纪末忽然变得显而易见:英王尝试要在东北部建立更加稳固的权威,詹姆斯二世建立新英格兰自治领,将马萨诸塞、缅因和新罕布什尔并入同一个政府,由王室委派的总督治理。詹姆斯二世后来又将罗德岛、康涅狄格、纽约和泽西岛并入自治领。当他被剥夺王位时,他正在琢磨把宾夕法尼亚也并进来。与自治领相关最令人记忆深刻的人是被人痛恨的艾德蒙·安德罗斯爵士,他在1686年下半年成为总督。安德罗斯强加赋税并将抗议者投入监狱的行为惹怒了殖民地人民。

---

[1] 此书英文书名为:New England Frontier: Puritans and Indians, 1620–1675。

将暴君赶下台

1689年4月4日,波士顿得到了消息,说威廉和玛丽废黜了詹姆斯国王,"所有被不公正地驱逐的地方行政官"都应该继续"履职"。殖民地人民将安德罗斯和他的议员们关进监狱。杰出的清教徒神学家科顿·马瑟起草了《绅士、商人与居民宣言》,邦联"自治领"由此被废除,自治政体得到重建。

同样的精神引领着殖民地人民拒绝了本杰明·富兰克林于1754年提出的《奥本尼联盟计划》,该计划号召各殖民地将统治权让渡给一个新的殖民地联合政府,以帮助协调对印第安人的防御。没有一个殖民地公民大会批准这一计划。

美国殖民时代的遗赠

殖民地居民热爱自由,对各式邦联都心存警惕,正因如此,三个州——弗吉尼亚、纽约和罗德岛——在正式批准宪法时都明确:若联邦变成高压统治,他们将保留退出联邦的权利。这些州正是在履行美国最初的原则——自由主义。

第二章　美国的保守主义革命

当大部分人思考引发美国独立战争的起因时,他们会想到这句话:"无代表不纳税。"这一原则的确扮演了重要角色,但它只是一场更为壮阔、为支持有限政府的宪法斗争的一部分。那些抗议英国人侵害殖民地自由的美国人希望保存自己的传统权利,他们可不是那些寻求激进重建社会结构的革命者。

> 你知道吗?
> 1. 美国革命根本就不是一场"革命"。
> 2. 殖民地居民是一群保守派——他们希望能够保有那些从传统和习俗中来的权利。
> 3. 美国革命与法国大革命大相径庭。

殖民地传统还是不列颠的创新?

殖民地的发言人对不列颠传统和法律的运用自如令人叹为观止,当他们使用"创新"这个词时常常语带轻蔑,正像约翰·亚当斯1765年起草的《布伦特里指南》中就将英国议会的新赋税称为"违反宪法的创新"一样。他们非常清楚可以用哪些著名的英国法案来维权，特别是《大宪章》（1215）、《权利请愿书》（1628）和《权利法案》（1689）。

围绕1765年印花税法案的争论非常具有教育意义。不列颠政府设计这一法案是为了增加财政收入，法案规定各殖民地各种类型的印刷品——从法律契约到报纸，从酒馆执照到遗嘱——都需贴上税标，以表明每件物品都已经缴纳过这种新税了。从美国人的角度来看，如此未经同意就征税的行为完全无法容忍。

印花税危机中的伟大英雄们包括来自弗吉尼亚的帕特里克·亨利。亨利向殖民地的立法机构提交了《弗吉尼亚决议》，列举7条决议概述了殖民地在印花税问题上的立场。前两条还算温和，坚持殖民地居民也拥有所有英国人都有的权利，第三条宣称殖民地的自我征税原则对不列颠宪法极为必要。第四条则主张殖民地有权在涉及内部事务时，完全只受由殖民地立法机构通过并由皇家总督批准的法律管辖。

第5条决议就用更加对抗性的语言表达了第三条的意思，称"这一殖民地的议会享有唯一、排他的权利和权威，向此殖民地的居民征收税赋"。并且，任何通过他方取代这种议会权力的尝试都必会动摇殖民地和不列颠的自由之基。第六条简单地从第四条得出逻辑结论，主张殖民地没有必要遵循并未被殖民地立法机关批准的法律，而印花税法案就是如此。第七条以戏剧性的调子结束了整个决议：任何人如果否认殖民地只需服从其立法机构通过的法律原则，就是弗吉尼亚的叛徒。

谨慎的立法者决定只批准"亨利决议"的前5条，最终还是撤销了他们对第五条的批准。但由于18世纪通信仍很原始，北部各殖民地搞错了这一事实。例如，罗德岛就有报道说，弗吉尼亚立法机关批准了所有7条决议，为了不被人比下去，罗德岛的立法机构迅速批准了这7条弗吉尼亚决议。

1765年下半年，在纽约举行的印花税国民大会召集了各殖民地代表，要通过一项联合声明向不列颠政府表明不满。他们抗议说，他们自古以来的特许财产权受到了侵犯，唯一能够合法地向他们征税的——他们宣称——只有他们自己殖民地的立法机关。

国父们怎么说

和其他人一样，约翰·亚当斯也认为印花税法案违宪。为了支持自己的立场，他引用了"宪法重大而根本的原则，即任何自由人都不应服从任何未经其同意——不论是他亲自表达意见还是通过代理人表达——的税赋"。

今日之政治正确

当今天的自由主义者以我们需要一部"能够随着时代改变的""鲜活的有生命的宪法"为理由来证明过于宽泛地理解宪法的正当性时，他们实际上是在向我们推荐殖民地居民想要逃避的体系。的确，不列颠宪法非常富有弹性——对殖民地居民来说过于有弹性了，因为他们要毫不动摇地捍卫自己的传统权利。"鲜活的有生命的"不列颠宪法根本无法保障美国的各项自由。

> 一本你未必看过的书
>
> 《伯克精选：艾德蒙·伯克著作演讲选集》[1]，彼得·J. 斯坦利斯编，华盛顿特区：莱格尼里出版社，1999年版。

事实：美国革命与法国大革命截然不同

美国人要捍卫他们的传统权利，而法国革命者则蔑视法国的传统，试图新建一切：新的政府结构、新的行省边界、新的"宗教"、新的历法——而等待那些反对者的是断头台。英国政客艾德蒙·伯克是现代保守主义之父，他很了解两场革命的关键问题所在。他认为自己对1770年的美国革命充满同情，却对1789年法国大革命谴责连连。他采取的原则始终如一。

在某种程度上说，其实根本没有什么美国革命，有的只是一场美国独立战争。在战争中，美国人为了保有自己的各类自由和自治权利推翻了不列颠的统治。18世纪60年代，殖民地在大部分情况下都自行处理内部事务不受干涉，因为殖民地居民已经享受了那么久的自治实践，他们相信这是他们在不列颠宪法框架下所拥有的权利。不列颠宪法"并未成文"——它是一系列富有弹性的文件和传统的集合——但在美国保守派的眼中，当不列颠政府颁布约束性法案和征税法案时，它的行为已经违宪。

当美国人争取自治权，并相信这是他们在宪法下本该有的时候，

---

[1] 此书英文名是：The Best of Burke: Selected Writings and Speeches of Edmund Burke。

他们并没有寻求与其他革命如工业革命、法国大革命或俄国革命相似的彻底社会变革。他们只是想要涉及内部事务时可以继续享受自治，延续保有在不列颠侵犯他们的权利之前已经过了多年的生活方式。美国的"革命"是保守的，它体现出了"保守"一词最好的含义。

国父们怎么说

生命是否如此珍贵、和平是否如此甜蜜，以至于我们宁可付出遭受镣铐和奴役的代价？制止它吧，全能的上帝。我无法得知他人将会何从选择，但我的话，不自由，毋宁死。

——帕特里克·亨利

托马斯·杰斐逊在18世纪90年代曾建议："我们独特的安全取决于一部成文宪法的存在。"他警告美国人切不可"订立宪法时令其变为一纸空文"。今天，那些对于"富有弹性宪法"的呼吁实则是对许多早期美国人为之付出生命的原则的背叛。

殖民地居民怎么说

1842年，梅伦·张伯伦法官质询了1775年曾参加康科德战役的91岁的上尉普雷斯顿，以了解他为何与英军作战。

张伯伦法官：你是否拿起武器反抗无法忍受的压迫？

普雷斯顿上尉：我从未感受到任何压迫。

张伯伦法官：是因为印花税法案吗？

普雷斯顿上尉：不，我从来就没见过一张印花税标。

张伯伦法官：是因为茶叶税吗？

普雷斯顿上尉再次否认。

张伯伦法官：你是读了约翰·洛克和其他自由派理论家的书了吗？

普雷斯顿上尉：一本都没听说过。我们只读《圣经》、教理问答、沃茨的诗篇和圣歌，还有年鉴。

张伯伦法官：那么，你为何参战？

普雷斯顿上尉：年轻人，我们去打那些红外套英国佬的原因是，我们一直都是自己治理自己，也永远都会这么做下去，而他们认为我们不该这么做。

第三章　确立宪法

1787 年夏天，除了罗德岛，其他各州的地区代表齐聚费城讨论《邦联条例》的修订。这一条例是在独立战争期间起草并正式生效的。各州都认为政府正变得软弱而低效，需要注入生机和力量才行。但当代表碰头时，他们却最终决定创立一份新的文件，虽然其中许多段落都是从《条例》中摘录的。

新宪法给予联邦政府以征税的权力，而这种权力在《条例》中并不存在。宪法确立了政府三个截然不同的分支——行政、立法和司法——并提供了"制约与均衡"，因为每一个分支都有权抵制其他分支的僭越。它为两院立法做好了准备：众议院的代表人数取决于各地区的人口数量，而参议院代表数量则以各州平等为原则。

你知道吗？

1. 立宪者从来都没说过一个黑人只算五分之三个白人这种话。
2. 宪法第一修正案允许各州自行处理宗教事务。
3. 最近几十年，国会放弃了宣战权。

宪法允许保留各州自治权

虽然与会代表力求加强中央政府的权力，但他们却又想要确保这个新政府不会侵犯各州的自治权。詹姆斯·麦迪逊建议赋予新联邦政府一票否决各州立法的权力。但这一提议遭到了铺天盖地的反对。这可不稀奇——要真这样，那可就违背了殖民地人民在与不列颠斗争时所要争取的一切。今天的联邦司法机构正在常规性地撤销各州法律，这一事实是个不幸的提醒：我们今天的体系与立宪者最开始的初衷相差甚远。

弗吉尼亚人那么担心新联邦会侵犯他们自治权，以至于在批准宪法时，弗吉尼亚宣布将保留其脱离联邦的权力。有些学者曾经试图证明弗吉尼亚只是为了显示它发动革命的权力——这一点倒是毫无争议——而不是退出联邦的权力。但这种诠释站不住脚，因为弗吉尼亚批准宪法的会议中有证据表明，代表们相信本州加入的是一个与其他州志愿结盟的契约，而不是一个将自己的主权让渡的全能的国家政府。纽约州和罗德岛也在本州批准宪法的法令中加入了类似条款。

人们规定，一旦新宪法在9个州里获得批准便可生效。1788年时，已有9个州批准了，但宪法的支持者还是很担忧，因为纽约这个重要的大州还没批准。担心的人包括詹姆斯·麦迪逊、亚历山大·汉密尔顿和约翰·杰伊，他们用"帕布利乌斯"这一笔名发表了一系列文章，最初在纽约的各大报纸上一篇一篇独立刊发。这些文章被称为《联邦党人》（不过可能大家更熟悉的名字是《联邦党人文集》，因为克林顿·罗西特用这个名字出版了一部合集,然而最初这个系列的名字只是《联邦党人》而已)。

为了说服宪法的反对者——反联邦者——改变主意,《联邦党人》的作者要打消他们的疑虑,说提议中的联邦政府不会违背各州自治权。在《联邦党人文集》第45篇中,麦迪逊解释说,宪法赋予联邦政府的权力是"少而受限"的,而各州拥有的权力则"多而无限"。联邦政府的活动几乎完全被限制在外交事务上,与之相反,保留在各州的权力则"会延伸至正常事务如涉及人民生命、自由和财产以及各州内部秩序、发展和繁荣的一切对象中"。

今日之政治正确

如今的大一学生会学到,宪法的"五分之三条款"的含义是,立宪者宣称一个黑人只能算五分之三个人。这种傻乎乎的说法掩盖了立宪者的真实意图。在决定南方各州在国会中代表的数量时,南方各州认为奴隶也应该全数算上,而北方各州则认为奴隶一个都不应该算。妥协就在于,在决定代表数量时,一个奴隶算作五分之三个自由人。在这个非常具有争议性问题上的妥协并非要宣布黑人在任何形而上学或生理学意义上都只算"五分之三的人"。那些认为宪法"种族歧视"的人并没明白问题的关键所在。讽刺的是,如果奴隶被当作一个百分百的自由人,那么南方各州——那时奴隶和奴隶制度都集中在南方——便会在联邦政府中拥有更大的权力。

> 一本你未必看过的书
>
> 《主题是自由：宗教、政治和美国传统》[1]，M. 史坦通·伊万斯著，华盛顿特区：莱格尼里出版社，1994年版。
>
> 这本书戳穿了关于宗教和政府各种荒诞的说法，并讨论了对第一修正案最初的理解和基督教在西方文明中的有益作用。

反联邦者的反对

虽然宪法是一份不错的文件，但反联邦者也不是什么绣花枕头，他们提出了一些具有预见性的批评意见。帕特里克·亨利就担心"公共福利"条款[2]有一天会被解释为赋予联邦几乎所有可以想到的权力。其他人则担心征税权会在新政府手中沦为暴政的工具。还有些人担心的是联邦司法的权力，因为他们对宪法的解释有可能与立宪者的共识背道而驰，而人民对此却无权反对。只要随意瞥一眼今天的联邦政府，就能明显看出这些反联邦者的确说中了些问题。因为现在的联邦政府并不是当初立宪者所希望的那个小心翼翼地将自身限制在屈指可数的一些权力之内的温和机构。

一些反联邦者在获得保证，权利法案会被加进宪法后，也不再反对了。1791年权利法案以宪法前10个修正案的形式获得批准。而这些年来，针对第一、第二、第九、第十修正案引发的争议数量最多。

---

[1] 此书英文名为：The Theme Is Freedom: Religion, Politics, and the American Tradition。
[2] 公共福利条款（"General Welfare" Clause）：指美国宪法第八款"国会拥有下列权力：规定和征收直接税、间接税、进口税与货物税，以偿付国债、提供合众国共同防御与公共福利，但所有间接税、进口税与货物税应全国统一"。

联邦政府不得干涉各州政府

宪法第一修正案

国会不得制定关于下列事项的法律：确立国教或禁止信教自由；剥夺言论自由或出版自由；或剥夺人民和平集会和向政府请愿申冤的权利。

第一修正案是对联邦政府的限权而非授权。它阻止联邦政府确立任何国教，但它也的确并没有授权政府干涉各州自行决定的政教关系。修正案清楚地表述了"国会不得制定"与宗教相关的"法律"，而不是马萨诸塞州、佐治亚州或宾夕法尼亚州不得制定相关法律。在合众国初期，当各州授权用公共基金支持各种教会时，没人认为它们违反了第一修正案。当时大家都认为这一修正案并不适用于各州。

第一修正案同样也不允许联邦政府干涉各州涉及言论和出版的问题。各州人民的正确决断力和他们自治的权利必须得到尊重。正如1804年杰斐逊写给阿比盖尔·亚当斯的信中所说："当我们否定国会控制出版自由的权力时，我们就已经主张了各州在此问题上的权力。这是州政府独有的权力。"

即便加上因1868年通过第十四修正案而使问题复杂化——这一修正案赋予联邦高于各州的权力——这一杰斐逊支持者们的杰作依然坚挺，只不过有所削弱。20世纪初，政教关系的案件出现在佐治亚、伊利诺伊、明尼苏达、南北达科他和得克萨斯的州最高法庭上，而在每一件案子中，当法庭提及联邦宪法时，都要否认联邦政府在州一级的政教问题上有权扮演任何角色。

19世纪70年代后期，国会议员詹姆斯·G.布莱恩介绍了随后被称为"布莱恩修正案"的提案，建议将第一修正案对联邦政府的限制扩展到各州。在随后的国会会议中，这项提案一次次被提出，却从未获得足够多的票数。但这一提案被提出的本身就告诉我们一件很重要的事情：如果第十四修正案的初衷真的是将第一修正案的限制应用到各州，那么为什么力争达到相同目标的"布莱恩修正案"还要被提出来呢？

但过了还不到100年，在"恩格尔诉瓦伊塔尔案"（1962）中，最高法院就宣布，当地教育委员会禁止批准任何在学校使用的祷告，连无宗派性的也不行。一代代美国人所受到的教育是相信这一决定体现了无与伦比的智慧，但他们会惊讶地发现，其实这一判决与立宪者的初衷完全背道而驰。不仅仅是杰斐逊，整个建国一代都会认为如此判决是对传统美国精神的骇人背叛和对社区自治权利无法容忍的侵害。

如果第一修正案的立法者认为马萨诸塞州和其他州用税款支持教会的行为合法，那就很难证明第一修正案禁止了学校祷告或悬挂十诫的行为。这是电视时事评论员经常声称的，而且很少有人反驳。

国父们怎么说

"对教规的任何权力肯定没有让渡给中央政府，"托马斯·杰斐逊曾写道，"因此，这一权力若要赋予任何人，那只能赋予各州。"杰斐逊，这位公民自由主义者，对联邦政府强权下建立的任何自由都毫无兴趣。

有枪没问题

宪法第二修正案

一支受规范的武力乃确保自由国家之安全所必需，人民持有及携带武器的权利不受侵犯。

虽然起草宪法第二修正案的人十分清楚这一修正案的含义何在，历史学家自己也已经开始承认持枪权的支持者确实能从宪法中获得更多支持，但这一修正案仍是争论之源。一些反对私人拥有枪支的人该为美国历史上最不诚实的宪法研究负责任。那些研究者宣称第二修正案讨论的并不是个人拥有枪支的权利，而是各州保有民兵组织的权利。例如，根据美国公民自由联盟的说法："第二修正案最初的意图是要保护各州保留民兵队伍的权利。"对第二修正案的这种诠释奇怪得很，因为比如宪法已经在第一条第 8 款中肯定了民兵的存在和武装。今天，美国左派经常声称，既然各州已经不存在民兵队伍，那么第二修正案所指代的就是国民警卫队。但他们坚持，第二修正案与个人拥有枪支的权利毫无关系。

当时的时事评论员看法可不太一样。根据马萨诸塞州议员费希尔·艾姆斯的说法："良心、拥有武器和更换政府等诸多权利都属于人民。"但奇·考克斯在他发表在 1789 年 6 月的《费城联邦公报》上的《评联邦宪法诸修正案第一部分》一文中，大概写出了对《权利法案》最系统性的早期概述。他在部分章节里写道："在下一条修正案中，人民被确认持有和携带私人武器的权利。"麦迪逊后来写信给考克斯说，这些修正案的通过"多亏了您的文字配合"。

如果第二修正案的立法者们的确想要将它应用在某个州保有

民兵组织的权利上,他们就会用"州"这个词而不是"人民"。《权利法案》的其他内容中,都非常精确地在指代个人时用"人民"一词,而指代各州时用"州",并没有什么充分的理由来证明第二修正案会是个特例。

麦迪逊第二修正案的原始草稿也很有启示,其中说道:"人民持有和携带武器的权利不得侵犯;武器精良、纪律严明的民兵队伍是自由国度最好的保障。"而为了拥有武器精良、纪律严明的民兵队伍,有必要承认人民持有枪支的权利。麦迪逊首先强调了人民持有和携带武器的权利,其次才谈到民兵。("纪律严明"一词指的并不是政府管理。汉密尔顿在《联邦党人》第29篇中揭示了这一用词的含义,他写道,一支民兵队伍应当通过"按照需要尽可能频繁的军事训练和操演"以获得"某种程度上的完美表现,使他们够格符合纪律严明的民兵队伍这一特征"。)

> **一本你未必看过的书**
>
> 《人人携带武器:一种宪法权利的演化》[1],史蒂芬·P.哈尔布鲁克著,加州奥克兰:独立研究所,1994年版。

> **今日之政治正确**
>
> 阿拉巴马州最高法院首席大法官罗伊·摩尔在2003年曾因

---

[1] 此书的英文名为:That Every Man Be Armed: The Evolution of a Constitutional Right。

为拒绝执行联邦法庭撤掉十诫的法庭令而被停职。联邦法庭宣称，十诫的存在等于国教的建立，这违反了第一修正案。接着是一段冗长的辩论，争论立宪者是不是教徒，以及他们对州最高法庭建筑内悬挂"十诫"会怎么看。其实根本不相干。立宪者一定会一致支持这一问题应该由阿拉巴马州的居民自行决定，而第一修正案的限制在此并不适用。

早期的法庭怎么说

将公民持有和携带武器的权利视作合众国各项自由之守护神，这种比喻恰如其分，因为它提供了强有力的道德制约，以反对统治者的篡权和专断，即便一开始统治者可能成功，但总的来说此条文仍能够令人民抵抗并最终取胜。

——美国最高法院大法官约瑟夫·斯托里，1833年

即便不在《权利法案》里，它也还是权利

第九修正案

本宪法对某些权利的列举不得被解释为否定或轻视人民保有的其他权利。

即便不算第二修正案，私人拥有枪支的宪法权利仍然成立。不理会所有证据，我们假设宪法起草者在写下"人民持有及携带武器

的权利不受侵犯"时真的特指州政府而非个人，这样的话，持枪权仍然受到保护——由第九修正案来保护。起草这一修正案就是为了应对一些担忧，有些人担心如果《权利法案》中特别提及了一些需受保护的权利，那么那些没有被提及的权利就得不到保障了。因此，这一修正案明确提出在《权利法案》中列举的权利并不彻底，也不意味着人民只能够享有这些权利。

第九修正案与携带武器权利的关联非常显著：既然人们按照习惯法而享有的、携带武器进行自保和狩猎的权利是美国人从不列颠继承并带到美洲海岸的，那当然会受到第九修正案的保护。在第二修正案中提及民兵队伍重要性的原因，大概是为了证明立宪者作出此决定的正当性：特意提及携带武器这一项权利，这样人们就不会将它归于由第九修正案所保护的一种未被列举的权利之中了。

> **国父们怎么说**
>
> 民兵是什么？它就是全体人民。解除人民的武装就是奴役他们最好也最有效的方式。
>
> ——《权利法案》之父乔治·梅森
>
> 那些禁止携带武器的法律……只会解除那些既不打算也没有决心要犯罪之人的武装……这样的法律只会令受袭者境遇更糟糕，而袭击者更好过。这种法律其实更鼓励而不是阻止谋杀，因为坏人袭击一个手无寸铁之人可比袭击一个携带

> 武器的人要自信得多。
>
> ——托马斯·杰斐逊（在他 1774—1776 年的备忘录中引用了犯罪学家切萨雷·博尼萨纳·贝卡里亚[1]的著作《论犯罪和惩罚》）

各州不让联邦政府插手的，属于各州

第十修正案

本宪法未授予合众国也未禁止各州行使的权力，分别由各州或人民保留。

第十修正案保障了各州的自治权利。如果各州没有将某项特殊权力让渡给联邦政府，而宪法又并未禁止各州拥有这一权力，那么就应该由各州或人民保留。对于托马斯·杰斐逊而言，这一条是整部宪法的基石。在《权利法案》中它的存在就是为了提醒我们在早期共和国时代，美国人心中对于自治是何等看重。

既然各州先于联邦政府存在，那么它们就是联邦政府一切权力的源泉。托马斯·杰斐逊决定，任何立法提案是否符合宪法都基于以下内容：如果某一项权力，在宪法第一条第 8 款中并没有被明确表述出来，那这项权力就该由各州保有。联邦政府要是运用这一权力就是违宪。要是现在人们还在严肃对待宪法第十修正案，那么今天联邦政府的大部分活动就不会存在了。正因为如此，华盛顿不会有人提及第十修正案。

---

[1] 切萨雷·博尼萨纳·贝卡里亚（Cesare Bonesana Beccaria，1738—1794），意大利犯罪学家和经济学家，被认为是犯罪学的创始人。

宣战权：国会临阵脱逃不敢负责

> **总统怎么说**
>
> "以我的理解，宪法将宣战权赋予国会的条款是基于以下理由：国君们总是将自己的人民卷入战争，让他们变得贫困，一边却常常——抑或总是——装作战争的目的其实是为了人民好。我们的会议认为这才是所有君主式压迫中最高压的一种，因此他们决心订立宪法，确保没人能有权力将这样的压迫施加于我们。但你的观点毁掉了一切，把我们的总统放在了国君总是会站的位置上。"
>
> ——亚伯拉罕·林肯，1848 年

我们经常听说总统有权以自身的权威将战士们送上战场，因为宪法第二条第2款认为：总统是合众国所有武装力量的总司令。当立宪者起草并通过宪法的这一条款时，他们想的是一个非常具体的内容，其中并不包括宣战权，因为这一权力完全由国会保留。正因为这样，伍德罗·威尔逊才在将美国投身于第一次世界大战之前，先让国会宣战。即便是富兰克林·罗斯福，在日军偷袭珍珠港之后也要让国会宣战，而不能单凭自己的权威就派遣美国军队对日作战。他非常清楚宪法并没有赋予他此等权力。

然而，自打朝鲜战争以来，第二条第2款就被解释为总统在外交事务上拥有极大的自由，或者至少他可以在不咨询国会的情况下派兵出战。但立宪者立此条款的意思是，一旦宣战，总统便有责任以总司令的身份指挥战争。汉密尔顿说总统虽然没有宣战的权力，但"一旦获得授权或战争爆发时，便可以指挥战争"。总统本人能得到授权单独决定的情况只有对突然袭击的反击（因此不授予总统的权力只是"宣战"，他有权"作战"，而后者被认为是遭到外敌进攻时必要的紧急权力）。从美国建国起，就有无数的法律先例能够支持这种理解。

立宪者极为清楚地赋予国会以特殊身份，一位学者就曾把这种身份称为"以执行外交政策为目的，与总统的合作中级别更高的伙伴身份"。想想看宪法对外交事务是怎么说的。国会有权力"管理与外国的贸易""培养与供给军队""颁发缉拿敌船许可证和报复性拘捕证""提供国家共同防御"，甚至是"宣战"。国会和总统共同拥有签订条约和指派大使的权力。至于总统，他只被赋予两项与外交事务相关的权力：他是三军总司令，以及他有权接见他国外交使节。

在立宪会议上，各位代表公开宣称他们不愿按照不列颠君主的模式来设立美国的执政官。例如，詹姆斯·威尔逊就评论说英国国王的权力中并不包括"给予议会规定各项行政权力时提供恰当指导。这些特权中有些具有立法性质的，还有一些是涉及战争与和平的"。同样，埃德蒙·伦道夫也坚决主张代表们"没有任何动机接受以不列颠政府为原型的政府"。

将这样制定外交政策的权威置于政府的立法机构而非行政机构中，这是美国人明显故意要与不列颠和其他国家的模式决裂。立宪者相信，历史充分证明了行政官对发动战争的嗜好。就像詹姆斯·麦迪逊写给托马斯·杰斐逊的信中所说的那样："宪法假设，一切政府的历史也都表明了，行政分支是对战争最感兴趣也最倾向于战争的分支。正因如此，宪法谨慎地将战争的问题交予立法机构。"

美国宪法中有一些重要方面值得所有人注意。托马斯·杰斐逊解释说，如果想要捍卫宪法，人民就要警觉地盯着联邦政府，警惕其侵犯各州和人民的权利。杰斐逊说道："在质疑权力之时，不要过多诉诸对人性的信心，而是用宪法的锁链绑住权力。"

> **今日之政治正确**
>
> 　　尽管美国自第二次世界大战起卷入了许多冲突，但它从来没有正式宣战过，包括对朝鲜和越南的战争。有时我们以为总统完全不咨询国会就派遣了军队参战。有时我们又会得到胆小鬼式的违宪国会决议，授权总统在他认为必要的时间以必要的方式派遣军事力量。但是其实，在宪法框架之下，国会没有权力将其宣战权让渡给总统，因此这些举动都是国会授权总统的，允许总统采取必要行动甚至包括派军国外。

第四章　美国政府和"1798年诸原则"

18世纪90年代充满了争吵。华盛顿的财政部长亚历山大·汉密尔顿走马上任时带着一份经济方案。这一方案只有在对宪法的解释更加宽泛而非如国务卿托马斯·杰斐逊和他的支持者所偏爱的严格解释时才可以奏效。汉密尔顿担心各州认为联邦政府软弱而无能。

> **你知道吗？**
> 1. 提供"公共福利"并不意味着联邦政府就能把钱花在它想花的任何地方。
> 2. 宪法最初的一个版本以"我们""各州"两个词开篇。
> 3. 国父们对于是否赋予各州权力，废止违宪的联邦法律的辩论非常严肃。

提供"公共福利"是大政府的基础

美国历史上第一个关于宪法的重要论战围绕着财政部长方案中的关键——国家银行——展开。汉密尔顿相信，国家银行的存在对于这个全新国家的经济健康极为关键,基于宪法的"必要和适当"条款[1]以及其他内容可以证明其符合宪法精神。杰斐逊则认为国家银行并非必要,各州也从未给予联邦政府以建立国家银行的宪法权力。杰斐逊参与了时任国会议员詹姆斯·麦迪逊基于宪法对国家银行的反对活动。麦迪逊最后还是在银行问题上妥协了,但在1817年离开总统之位的前夜,他一票否决了"奖金法案",这一法案拟授权联邦修建道路和运河。麦迪逊在否决书中写道:用联邦基金修建道路和运河是个好主意,但只有首先修正宪法,才有可能这么做。按照当前的情况,联邦政府没有宪法赋予的权力去做这样的事情。

麦迪逊否认了提案方认为宪法条款授权联邦政府"提供共同防御及公共福利"便能证明提案正当性的说法。直至今日,当政客们要真肯以宪法为基础证明联邦立法的正当性,他们也会援引这一条款。但要是这样论证,麦迪逊说,就会将"条款中接下来特别而谨慎地列举出来的各项权力都变得毫无价值也不恰当了,对宪法的如此理解将会赋予国会普遍立法权,而不是迄今为止大家所理解的受限制和受规定的权力"。如果宪法"公共福利"条款真的授权国会去做任何倾向于为整个国家谋求普遍福祉的事情,那么立宪者又何必要在第一条第8款中不厌其烦地列举国会的各项权力呢?这一事实在逻辑上就排除了"公共福利"条款提供了宽泛又开放性授权的可能性。

在随后几年,麦迪逊继续坚持这一看法。1792年他论证道:

> 如果国会能够无限制地将金钱用于公共福利,同时又是公

---

[1] "必要和适当"条款("Necessary and Proper" clause):指宪法第一条第8款。

共福利唯一的最高决断者，那么他们就有可能将宗教问题纳入自己管辖范围；他们可能指派每个州、每个郡、每个教区的教师，并用公共财政款项支付工资；他们可能会以同样的方式在整个联邦内建立学校，以此来掌控儿童教育；他们可能假定为穷人提供必需品的必要；他们可能负责管理所有道路而不仅仅是驿路。简而言之，一切事务，从最高的州立法机关一直到最细微的警察都会处于国会权力的管辖之下。

麦迪逊曾经的警告正是今天正在发生的。华盛顿早已偏离宪政太远，因为在18世纪和19世纪国会辩论中如此核心的立法权是否违宪的问题，已经不再被人提及了。

制约与均衡：让狐狸看守鸡笼

立宪者非常清楚权力有不断集中、扩张的倾向。杰斐逊就曾谈及，如果所有权力集中到联邦政府手上将会造成怎么样的灾难。在行政、立法和司法三个分支之间进行制约与均衡是美国宪法的显著特点，却几乎未提供有限政府的保障，因为这三个分支可以联合起来对付各州和人民。这就正是1825年杰斐逊警告威廉·布兰彻·盖勒斯的："显而易见，（全国政府的）三个统治分支要联合起来剥夺他们的"同事"，即各州权力机关所有保留的权力，并完全行使他们的一切内政外交功能。"

各州才是联邦的组成部分，在宪法确立之前早已独立存在了许久，正因如此，早期美国政治家都希望保护各州不受联邦政府伤害。不能允许联邦政府拥有排他性的宪法解释权，因为它一定会作出有利于自身的各项裁决，而随着时间流逝，使自身权力愈加巩固。

> **今日之政治正确**
>
> 许多历史学家常常将各州的权力描述成仅仅是奴隶制的代码。然而,就像历史学家尤金·吉诺维斯提醒的那样,在5个对宪法解释作出最伟大的智力上的贡献的弗吉尼亚宪法解释者——乔治·梅森、托马斯·杰斐逊、罗阿诺克的约翰·伦道夫、圣乔治·塔克尔和卡洛莱的约翰·泰勒——中,只有泰勒勉强算是支持奴隶制的,而就"连他也将奴隶制看成是某种国家内在的不幸,应该勉强忍受而不是为之庆祝"。

共和党 VS 联邦党

第一轮:《1798年关于处置外侨和煽动叛乱的法令》

在美国与法国的海上争端与外交紧张气氛的半战争状态下,联邦党成功地通过了之后臭名昭著的法律:《关于处置外侨和煽动叛乱的法令》(后简称为《外侨法令》)。汉密尔顿就是联邦党的一员。这一党派总体来说更倾向于建立一个强有力的中央政府和宽松的宪政建设——与杰斐逊所属的共和党截然不同,共和党忧心忡忡地要捍卫各州的权利,并坚持严格的宪政建设。《外侨法令》授权总统驱逐那些有"叛国"倾向的外国侨民,这便是杰斐逊和其他共和党人担忧的原因。杰斐逊相信这一立法是要针对阿尔伯特·加勒廷,这位重要的宾夕法尼亚州共和党人出生在日内瓦(他后来成为杰斐逊任总统期间的财政部长)。

然而,他们发现最应该反对的是针对煽动性诽谤的禁令。对于杰斐逊而言，问题并不仅仅只是这一禁令将会以攻击某一政党的方式来执行——不过当然禁令会这么做，无数共和党报纸与发言人都成为目标，被骚扰，遭到罚款甚至入狱（同一时期杰斐逊和麦迪逊的通信中都体现出他们对邮件可能被做手脚的担忧）。反对也并不是因为煽动性叛乱的定义可能很武断或不精确——不过在执行中的确如此：一个倒霉蛋只不过充满喜爱之情说了一句真希望总统致敬礼炮会"打中（总统约翰·）亚当斯的屁股"就被罚款 100 美元。

针对这一法令最核心的问题是，这一法令是否合乎宪法的怀疑。杰斐逊反对理由的一部分基于该法令违背了第一修正案，不过这一点值得商榷。他还认为法令违背了第十修正案，而这一修正案对他而言才是整部宪法建立的基石。各州从未将言论和出版自由方面的立法权力让渡给联邦政府。因此，通过这样的立法，联邦政府便侵犯了各州的特权。杰斐逊曾说过要用宪法的锁链绑住权力，所以对他而言必须要立即行动，否则这种联邦政府的篡权行为就会开始成倍出现。

第二轮：《1798 年肯塔基决议》

有没有合乎宪法的纠正手段——某种既不需要脱离联邦也不会导致暴力革命的解决方法——来反对像《外侨法令》这样的法案呢？马萨诸塞州议员丹尼·韦伯斯特和最高法院大法官约瑟夫·斯托里（之后还有亚伯拉罕·林肯）这样的重量级人物并不认为存在这样的手段。因为他们对联邦的理解是国家主义的——其核心信仰是宪法并不是主权州之间的契约，而是美国人民集会作出的选择——这对他们而言是人民中任意的一部分不合法的反叛，而不是主权者权威的运用。

韦伯斯特在他 1833 年的著名演讲《宪法并非主权各州之契

约》中强化了这种论点。他指出宪法中的遣词造句：开篇说的难道不是"我们，美利坚合众国的人民"而非"我们，美利坚合众国各州"来制定和确立这一部宪法吗？然而，韦伯斯特对宪法的这种诠释有缺陷。事实上，宪法最初起草时的确用了"我们，美利坚合众国各州"。委员会基于行文风格的实际原因删掉了这一表述，因为没人能够提前预知哪些州会正式批准宪法，哪些则不会，所以在各州还未作出决定之前就列出所有州的名字根本不可能。取而代之的"我们，美利坚合众国的人民"指代的并不是参与集会的某一个具体的美国人，而是马萨诸塞州人民、弗吉尼亚州人民、佐治亚州人民——换言之，是数个州的人民。

这一表述上的变化获得了一致认可的事实就能证明，这一变化的本意并没有改变联邦的性质。如果新的表述真的有韦伯斯特后面所宣称的那种含义，一定会激起直接的长篇辩论。这部宪法绝对不会得到一致认可。

在杰斐逊看来，任何一个州想要继续留在联邦又在联邦政府的违宪法案面前保有本州的自由，唯一途径就是由该州宣布联邦的行为无法律效力并作废，本州将不会执行该法令。但只有在极其危急的情况下各州才能采取这样的行动。

显然，宪法中并没有任何地方明确授权各州可以拒绝执行联邦法令。但这不是杰斐逊的关键论点。杰斐逊以及后来的约翰·C. 卡尔霍恩都建议，契约中的任何一方都不应该拥有唯一的解释权。在联邦契约的个案中，这一条特别重要，因为卡尔霍恩的论点就是，联邦政府并非契约的缔结方，因为它自己本身就是因为各州的联合行动才建立起来的。

杰斐逊（那时是副总统）匿名执笔了被后世称为《1798年肯塔基决议》的文件。其中指明了《外侨法令》中值得反对的内容以及各州正当的回应：拒绝执行（事实上没有一个州真的拒绝执行这些法令。直至与法国的危机最终结束，法令才在1801年到期终止）。麦迪逊也执笔了类似的决议并得到弗吉尼亚立法会的批准。

接下来的一年，肯塔基州立法会还通过了另一项决议，这一次则包含了"拒绝执行联邦法令"的字眼：

> 我们决议……如果任何治理联邦政府之人被允许违反由那一契约所确定的限制……那么因为那几个产生本决议的主权独立的州便拥有无可争议的权力来判断那些行动是否违法；这些主权独立的州若因着本决议而宣布任何未经他们授权的行动无效，都是正当的……

麦迪逊执笔了他的《弗吉尼亚决议》，同样也警告大家联邦政府的侵权行为并提醒广大人民，各州政府都有责任要保护他们免遭联邦政府层面的违宪议案的侵害。

国父们怎么说

亚历山大·汉密尔顿虽然一直是强势中央政府的倡导者，但也为各州展望出一种角色来限制联邦政府。他在《联邦党人》第28篇中论述道："各州政府在所有可能的意外事件发生时，都要提供彻底的安全保障以反抗侵犯公共自由的国家政权。"

南卡罗来纳州废除关税

也许在各州拒绝执行联邦法令的问题上，最为重要的理论家是约翰·C.卡尔霍恩。他是美国历史上最具才气和创造力的政治思想家之一。自由出版社版的卡尔霍恩选集《联邦与自由》是任何对这一话题感兴趣的人的必读书目，尤其是他在希尔堡的演讲。那是一篇支持各州拒绝联邦法令的文章，文笔优美且简明扼要。卡尔霍恩建议，心怀不满的州可以举行一个特殊会议以拒绝执行法令，与各州正式批准宪法的会议相类似。州政府在会议上决定是否要拒绝执行受质疑的法律。南卡罗来纳州在与安德鲁·杰克逊的著名对峙中正是这样实践的。1832—1833年，南卡罗来纳州拒绝执行一项保护关税（该州的论点为，宪法只授予了以税收为目的的征税权，而没有授予为了鼓励制造业，或者让一国的部分区域获利却让另一部分区域为此付出代价的征税权。该州认为该保护关税是对公共福利条款的违背），于是该州就举行了这样的一场会议讨论是否拒绝执行联邦政府的保护关税。

在卡尔霍恩的构想中，当一个州以怀疑其违宪为理由正式拒绝执行某项联邦法令时，那条法令就应该被暂缓执行。因此"此时"一州的"多数人"就能够保护不受在全国数量上占多数人的违宪行为之侵害。但此时，"多数人"能做的有限。如果全国3/4的州都通过修正案程序，选择给予联邦政府这一项饱受争议的权力，那么拒绝执行的州就要决定它是愿意接受其他州的决定，还是愿意脱离联邦。

麦迪逊在1830年表明，自己不论是在宪法制定还是1798年弗吉尼亚决议中都未打算建议各州拒绝执行联邦法律或脱离联邦，这一点通常被认为是此话题的最终结论。但无数学者都因此有了麦迪逊经常变换立场的案底。有一个关于此问题的现代研究题为《我们会找到多少个麦迪逊？》"看来事实是这样的，麦迪逊先生更为关切的是保持联邦的完整，而非自己想法的前后一致。"阿尔伯特·泰勒·布莱德索如此写道。

的确在那时，弗吉尼亚和肯塔基两个州并未就他们的决议获得太多其他州的支持（不过有些州是强势支持联邦制的，因此他们本来就更推崇反煽动的立法）。而南卡罗来纳州1832—1833年间几乎是被孤立的（并不像历史学家通常宣称的那样完全"孤立"：弗吉尼亚就曾派了个官方斡旋者去见南卡罗来纳州的立法者，试图找到某种解决的途径，一些弗吉尼亚的公众人物也表示如果真的必须如此，他们就会支持南卡罗来纳州与联邦政府斗上一斗）。但行动比言辞更有力，即便北方各州强烈谴责南卡罗来纳州对1828年和1832年的关税采取拒绝执行的态度，但当他们在拒绝执行逃亡奴隶法案时，却又运用了1798年弗吉尼亚和肯塔基决议字眼，这一点绝对不会被认错。威斯康辛州立法会1859年的声明则十分引人瞩目：

> 我们决议，由美国宪法所形成的政府不能成为让渡于此政府各权力之范围的唯一或最终裁决者，但是，因为和在此契约的其他情形一样，缔约各方既然没有公共裁决者，则每一个缔约方都有平等权利去自我裁决，即采用不同的赔偿方式和救济措施。
>
> 我们决议，目前统治全国两院的党派所争执的原则和建设，即中央政府是让渡给它所有权力之范围的唯一裁判者，这

完全与专制统治无异。因为那些管理政府者的自行决定而非宪法，将会成为他们权力的衡量标准；而那几个产生本决议的主权独立的州，便拥有无可争议的权利去判断联邦政府是否在破坏法律。并且，这些主权州若因着本决议而宣布任何未经他们授权的行动无效，都是正当的纠正。

听上去是不是挺耳熟？这些想法，首先由杰斐逊和麦迪逊提出，再由其他人详细阐述，并在威斯康辛州的立法会声明中回荡，最终以"1798年诸原则"闻名，不禁令人忆起那一年的弗吉尼亚和肯塔基决议。

> **国父们怎么说**
>
> 　　我们决议，由这一契约所创制的政府不能成为让渡于此政府各权力之范围的唯一或最终裁决者，因为这就会让政府的自行决定而非宪法成为政府权力的衡量标准；但和在此契约的其他情形之下一样，缔约各方既然没有公共裁决者，则每一个缔约方都有平等权利去自我裁决，包括采用不同的赔偿方式和救济措施。
>
> 　　　　　　　　　　　　——托马斯·杰斐逊　1798年肯塔基决议

为什么各州拒绝执行联邦法令没有听上去那么疯狂？

在回应认为应由联邦司法机关而非各州司法机关，拥有对联邦法案是否违宪的最终决定权这一观点时，詹姆斯·麦迪逊在《1800

年报告》中论证道:"危险的权力如果未经让渡,不仅有可能被其他部门侵犯并执行……司法部门也有可能超出宪法授权的范围之外执行或批准危险的权力……因此,不论司法部门在处理所有以合乎宪法的形式提交给它的问题时拥有最终审判权是多么有道理,这种审判也必须被理解成为是与政府其他各部门相较而言的最后处理机构,而不是相较于签订宪法契约的其他缔约者而言,因为司法部门以及其他部门均是获得这些缔约者委托的对象。"因此,最高法院涉及各州权力的宪法问题裁决时,并不能被认为是绝对的最终裁决。

早期政治家反对各州拒绝执行联邦法令最普遍的论点是,这样会制造混乱:一堆糊里糊涂的各州拒绝执行一堆糊里糊涂的联邦法令(按照联邦立法机构大部分人的个性,对这一反对最好的回答是:谁在乎呢?)阿贝尔·厄普瑟是弗吉尼亚州的一位法律思想家,他在19世纪40年代初短暂地担任过海军部长和国务卿。他决定将反对各州拒绝执行联邦法令的担忧一扫而空:

> 如果像总统和联邦政府所考虑的那样,各州有可能滥用所保有的权利,那么反之,总统和联邦政府也有可能滥用他们被委派的权利。双方都有这种危险,既然我们不得不相信双方,我们便只需询问,哪一方更值得我们信任。
>
> 更有可能的情况是联邦政府滥用权力,而不是各州。如果我们假设双方都滥用了权力,判断哪种滥用导致了更坏的结果并非难事。
>
> 如果某州滥用其提出异议的权力,中断了某条合乎宪法

之法令的执行,最差的结果也就是将这一法令的执行在该州暂且搁置,而其他州会仍旧执行这项法令。当然这么做肯定不公正,但在大多数情况下却几乎不会造成什么实际恶果。

再说了,根据我所主张的原则,这一恶果只会是暂时的,不论用什么方式,只要其他州对此问题采取行动,这样的行为都会被终止。无论如何我都承认,再怎么说这都是坏事,然而它无法从我们的体制中分离,也没法避免,除非屈从于更糟糕的坏事。

很难从厄普瑟的说理中找出毛病来。反对者似乎总是会回到某个据说能证明各州拒绝执行联邦法令不切实际甚至危险的例子上来。如果在和平时期,拒绝执行的信条不会导致困惑,那要是一个州或者几个州在战争时期运用这一权力,岂不是会对国家安全产生潜在危险?大部分拒绝执行联邦法令的支持者都能正确地指出,正是在这样的战争时期,我们才会预计各州的利益最一致,而他们对联邦政府的忠诚度也最毋庸置疑。更重要的是,如果有些州真的希望蓄意破坏一场正义的战争的话,那他们为何一开始还要结成联邦呢?

那些拒绝执行联邦法令的州最想表达的是,一个被允许决定自身权力范围的政府不可能长期被维持在有限政府状态下。今天糟糕的美国教育的受害者之一便是,极少有美国人了解自己的宪政历史,几乎没人意识到各州本可以挑战那些他们不得不忍受的、经常性的联邦政府独裁,而不违宪。虽然学习美国历史不会改变现状,但至少这是个开始。

国父们怎么说

那就像是重力每日每夜的运行,今天得到一点,明天再有一点,像个贼一样悄无声息地不断地占领着司法领域,直到一切都被从各州篡夺过来,而所有政府最终固化为一个。

——托马斯·杰斐逊谈联邦司法权

第五章　南北分裂

本章将会回顾内战前那个时代——即美国南北战争之前的40年——最重要的一些事件。在此时期发生的事件将会提供充足证据证明，对于奴隶制的争论植根于联盟地域平等及优越地位的论争之中。例如，当实际上任何一个脑子好使的人都不会想把奴隶带进新墨西哥的沙漠以建立新殖民地时，双方为何还要争论是否应该在该地允许奴隶制的存在呢？

> **你知道吗？**
>
> 1. 美国南北战争既是为了争夺南北两区，也是为了争夺奴隶制的主导权。
>
> 2. 北方各州要求将奴隶制逐出州境的立场并不是完全是无私的——他们想把准州[1]全部留给白人。

---

[1] 准州（Territories）：美国合并建制领土（Organized incorporated territories of the United States），是指已经被美国合并为本土的一部分，并由美国国会以通过组织建制法案承认并确立建制管理的美国领土。而在美国历史上，联邦政府一旦成立这种领地，随后该领地便会加入联邦，成为新的州。

3. 一个南方地区法院给了德莱德·斯科特[1]自由,是美国联邦最高法院让他继续当奴隶的。

你们得到密苏里州,我们得到缅因州

1818年开始的关于接纳密苏里州这一蓄奴州的辩论是美国这一年轻国家形成的关键节点。那时,蓄奴州和自由州的数量正好相等——各有11个——这在参议院内形成了某种权力上平衡。但接纳密苏里州就意味着将会令南方各州在参议院中占上风。1820年这一僵局最终因为密苏里妥协案而被打破:密苏里州作为蓄奴州被接纳,而缅因州则作为自由州被接纳。

具有更加重大意义的是这一妥协案中的一个条款,涉及路易斯安那州准州奴隶制的状态。除了密苏里这一例外,任何在北纬36°30′以北的准州(密苏里的南部边境)将会永远把奴隶制拒之门外,而南方的所有准州上均允许奴隶制存在。虽然这一妥协案略尴尬,但的确防止了未来类似危机的发生,并在30多年里一直发挥着作用。

各种形式的反对力量

- 解放社区——那些试图说服奴隶主主动解放自己奴隶

---

[1] 德莱德·斯科特(Dred Scott,1799—1858):美国历史上著名蓄奴案当事人,美国联邦最高法院以7票比2票判他败诉,激起民愤并加剧了南北方在蓄奴问题上的紧张关系。

的团体。
- 有所补偿的解放——奴隶主能够在解放奴隶之后获得经济补偿。
- 防止扩张——这一派倡导者想要将奴隶制限制在已存在奴隶制的区域,并防止其扩张到其他准州。这一想法的本意是让奴隶制最终消亡,因为那些土地开发殆尽的奴隶主将会无法带着奴隶迁移到无人开发的准州上。
- 废奴——这些人希望奴隶制在所有地区立即终止,且对奴隶主不予补偿(最激进的立场)。

更多的言辞谴责

在废奴主义者的运动中,最重要的发言人之一便是马萨诸塞州活动家和出版商威廉·洛伊·盖瑞森,他于1831年创立了《解放者报》。盖瑞森对逐步解放的主张不屑一顾,他认为这一政策"有害无益",不接受在此问题上的任何妥协。他的报纸具有广泛的影响力,因为许多大报都会转载《解放者报》上的文章。有些南方人相信,导致55个白人死亡的著名奴隶起义——"坦纳起义"与盖瑞森创立《解放者报》发生在同一年,这绝非巧合。

没有任何证据证明,坦纳听说过盖瑞森或者他的《解放者报》,然而人们并不需要如此直接的联系。许多南方人都震惊于彻底废奴主义者的口吻:充斥着对整个南方的痛恨,有时甚至看起来是在敦促暴力抵抗奴隶制。这样在整个地区的言辞攻击只会败坏南方当地反蓄奴运动的名声。到1827年，南方的反奴隶制社区比北方多了不止4倍。废奴主义运动在自己的口号中充斥着各种挑衅又恶毒的反南方言辞，南方的反奴隶活动家不可能不横生疑虑。马萨诸塞州参议员丹尼·韦伯斯特并不支持奴隶制，但就曾责怪正是北方的废奴主义者为南方的固执己见作出了不小的"贡献"。

南北方的冲突在《威尔莫特但书》(又称《威尔莫特附文》)后愈演愈烈。国会议员戴维·威尔莫特是宾夕法尼亚州的民主党人，他于1846年在国会提出了这一限制性条款。它附加在一项授权当时正进行的墨西哥战争经费的拨款预案之后。它的前提很简单：因战争从墨西哥获得的任何准州都要禁止奴隶制。威尔莫特概述了之后在美国历史上被称为"自由地区"立场的一种观点。根据这个立场，在现存奴隶制的地区，奴隶制度将保持不受干扰，但禁止奴隶制扩张进入新的准州，包括因与墨西哥战争而获得的任何美国准州。虽然这一但书从未成为法律（在众议院通过了无数次，但在参议院却通不过），却为南北方的紧张关系带来了极大影响。

将奴隶制关在准州门外！

当威尔莫特提出但书提案时，他并不是出于对奴隶的人道主义关怀，而是为了将黑人挡在准州之外，将这些土地留给自由的白人劳工。他否认自己对"奴隶有任何病态的同情"，反而坚持自己是代表"自由白人的权利和事业"的。他接着解释道："我宁愿为自由的白人劳工保留一个公平的国度、富足的遗产，在这里，和我同一种族、同一肤色的苦工的儿子们，可以体面地活下来，而不至于因自由劳力与黑人奴隶的联系而遭受耻辱。"

结果，美国的确在战后获得了西南部面积巨大的土地。《瓜达卢佩伊达戈条约》加上得克萨斯州和墨西哥的准州争端最终以美国获胜告终，给了美国后来变为加利福尼亚州、新墨西哥州、犹他州的准州，还有内华达州、亚利桑那州、科罗拉多州和怀俄明州的一部分。这些土地被称为墨西哥割让准州。以此为交换，美国付给墨西哥1 500万美元，并承诺承认所有新美国公民可能对该国提出的经济索赔。

> 我们如何处理这些准州？
>
> 当时提出了以下解决办法：
> - 自由地区传统——在新准州上禁止奴隶制。
> - 密苏里妥协案——将在妥协案中确定的分界线一直延伸到太平洋。
> - 允许奴隶制——使奴隶制在所有准州上都获得许可。
> - 人民主权——将决定权交给某一准州的居民。

各州为……亚利桑那州的殖民地争执不休？

《威尔莫特但书》中倡导的在各准州中禁止奴隶制的说法确令南方更加愤怒，然而不能就此得出结论，说激怒南方的原因只有这一个。南北双方都非常清楚，不适合的气候条件导致在任何新准州上引入殖民地农业都相当不可能。南方人相信这一但书是对联邦中南方尊严和平等地位的攻击。弗吉尼亚州立大学教授迈克尔·霍尔特说：

北方也并没有完全同意（威尔莫特）但书，也就是通过国会立法禁止各准州的奴隶制。北方最希望的是奴隶制不会扩张，南方的政治权力不会增长。然而，大部分南方人也并不要求奴隶制真的扩张。他们只是要坚持自己的平等权利受到保护，不会被强迫屈从于北方的统治，而此等屈从一定会导致南方人低人一等。如果准州问题能够避免彻底的国会禁令，那么就能够避免南北双方最终决裂了。

民主党和辉格党是分别在北方和南方有众多支持者的全国性政党。有责任感的美国人想要避免的是一种政治分化，不同党派变成纯粹的区域性政党，两者都竭尽全力夺取联邦系统以实现党派本身的狭隘利益。并不令人意外的是，1848年总统选举前的几个月里，两个主要政党的总统候选人对自己在准州问题上可能引起争议的立场都遮遮掩掩（唯一立场清楚的是马丁·范布伦，他是短命的自由地区党的候选人，追求在各准州中摒除奴隶制）。

政客们在这个问题上绕圈子

举个例子，辉格党候选人扎卡里·泰勒就没有公开表达在《威尔莫特但书》上的立场。这样一来，他的支持者不论是在南方还是北方，都可以分别宣称他是符合本方逻辑的选择。南方人可以指出泰勒是南方人的事实，而北方人可以借泰勒支持《威尔莫特但书》传闻的东风。

密歇根州的刘易斯·卡斯获得了民主党的提名，而在南方和北方他的形象也大相径庭。在南方，卡斯的卖点是，他是南方人符合逻辑的选择，因为他主张"人民主权"，将会给他们公平的机会争取准州。卡斯还曾保证一旦上任就会一票否决《威尔莫特但书》。而在南方，卡斯的支持者则讨论着美国西南部干旱的气候环境，他们认为即便按照人民主权方案，奴隶制也不太可能在这样不适宜居住的环境下产生。卡斯是北方人符合逻辑的选择，因为让准州上的人民自己在奴隶制问题上投票几乎就能保证最终结果是使该准州成为自由地区，与此同时也不用毫无必要地疏远南方——如果在国会中明令禁止奴隶制，就真会出现这样的结果。简单地将奴隶制拒于准州门外会被南方人认为是对自己尊严不可容忍的践踏，也是北方拒绝给予他们在联邦中平等地位的又一例证。因此，卡斯能够完成自由地区的目标，又不用在南北双方之间划下鸿沟。

> **第二个政党体系**
>
> 　　第一个美国政党体系源于18世纪90年代，支持小政府和各州权利的共和党人对阵支持中央化的联邦党人。在1812年英美战争之后的数年，这一政党体系被毁，因为在战争期间，联邦党人的举动—包括新英格兰地区威胁要脱离联邦等—被视作叛国并遭到谴责。到了1820年，联邦党人中甚至都没有产生一个总统候选人，因此共和党人詹姆斯·门罗竞选时连对手都没有。第二个美国政党体系则产生于对安德鲁·杰克逊总统分歧看法的回应，这一体系与第一个体系类似，辉格党人获得了联邦党人的遗产，而民主党人则或多或少地继承了共和党人的传统。

与奴隶制相关,又不相关

准州的奴隶制问题和南北双方其他几个最显著的争端,最终都在《1850年政治妥协》中得到了处理。这一妥协缓解了南北方的紧张关系,南方退出联邦的说法慢慢消失。

涉及西北各准州的争端暂时在《妥协》中得到解决,然而这一争端暗示着关于奴隶制的争论掩盖了真正的问题所在:南北方对权力和主导权的争斗。并不是说奴隶制不相关或者不重要,但是如果不去理解利害攸关的南北方权力关系,我们就有可能被误导,从而使奴隶制的地位过于重要。根据《1860年人口普查》,犹他州一共只有29个奴隶,新墨西哥州则一个都没有。有理由怀疑,墨西哥割让领土上如此激烈的奴隶制争论肯定应该牵扯到比南方人是否应该获准带着这29个奴隶迁徙到准州里更重要的问题。就连共和党人也承认,政权才是奴隶制争论的根源。就像一位印第安纳州国会议员对南方人说的:"你们如此渴望的根本不是空间,而是政权——政治权力。"

1854年奴隶制问题在内布拉斯加准州又出现了。这个问题本不应出现任何争议,因为内布拉斯加在密苏里妥协线以北,因此该准州应该将奴隶制拒之门外。然而那时不断有更多支持者支持建设一条横跨大洲的铁路线,从一边海岸横穿到另一边的海岸。伊利诺伊州参议员史蒂芬·道格拉斯决心要让这条新铁路的东部终点设在芝加哥(既然东部已经有修好的铁路线,横跨大洲的铁路其实意味着是从西海岸开始修,然后接上东部已经存在的一段)。

> 一本你未必看过的书
>
> 《内战的降临》[1]，埃弗里·O. 克瑞文（Avery O. Craven）著，芝加哥：芝加哥大学出版社，1957年版。

道格拉斯的提议看上去人畜无害，但铁路线为此就必须要穿越混乱不堪的内布拉斯加准州。为了保证铁路线不受土匪和印第安人的攻击，就必须要建立一个准州政府。为了让南方人支持芝加哥终点站，道格拉斯提议将这一准州一分为二——堪萨斯和内布拉斯加——奴隶制的问题就由两州人民投票决定。一旦立法，这就将使密苏里妥协作废。通过在理论上让这些准州有奴隶制存在的可能性，道格拉斯想要获得那些认为禁止奴隶制是侮辱南方尊严、冲击了南方在联邦平等地位的南方人支持。随之而来被称为《堪萨斯—内布拉斯加法案》，该立法在1854年获批。

为什么准州的问题如此容易引发争论？有些准州很快就度过了准州阶段，迅速成为新的联邦州，而其他准州则需花费更长的时间。因为与此同时，各准州的人口不断增加，如果在准州阶段奴隶制被禁止，奴隶主更有可能远离此地。当准州变成联邦州、是时候作出决定时，缺乏奴隶主存在的事实，实际上能够确保新联邦州会反对奴隶制。而如果奴隶主在准州阶段就被允许进入，他们便更有可能在准州定居，也增加了该州变成蓄奴州的可能性。这就是准州的奴隶制的法律问题为何如此重要，如此容易产生分歧的原因。

---

[1] 此书英文名为：The Coming of the Civil War。

> **1850 年妥协**
>
> 1. 承认加利福尼亚州为自由州。
> 2. 将墨西哥割让的领土划分为新墨西哥州和犹他州，两州的奴隶制状况取决于人民主权。
> 3. 解决了新墨西哥州和得克萨斯州之间的州界争端。
> 4. 在华盛顿哥伦比亚特区废除奴隶交易。
> 5. 确立了一部更为严苛的流亡奴隶法。

堪萨斯城"大屠杀"

比较明显的是，奴隶制不会在内布拉斯加州生根发芽，但堪萨斯州的结果却不那么确定。奴隶制的支持者和反对者都聚在堪萨斯州希望影响投票结果。通常教科书上会把堪萨斯城描绘成与奴隶制相关的永无止境的暴力景象。然而，最近的研究成果开始质疑这样的看法。目击者的说法和报纸的报道看来都并不可靠，有些甚至夸大其词。双方为了自己的宣传，都倾向于虚高死亡人数，一方为了让公众注意到他们的悲惨处境，而另一方则想用他们给对手制造的伤亡人数在读者心目中留下个好印象。"政治谋杀"研究者戴尔·沃尔茨写道："政治谋杀占到了暴力死亡总数的1/3。但暴力死亡并不普遍，街道和小径上并未像一些作者描绘的那样血流成河。"

最近的一项研究得出结论，在堪萨斯的准州时期，一共发生了157起暴力死亡事件，56起看上去与当时的政治情况或奴隶制问题有关联，根据沃尔茨的研究：

反奴隶制的党派并不是像他们当时和随后的宣传者们试图塑造的那样，只是暴力的无辜受害者。双方都使用了暴力战术，且都十分擅长将错误归咎于对手。他们习惯性地在他们自己人发生谋杀事件后表示杀人者是正当防卫。不过，反奴隶制党派作为这场竞赛的最终获胜者，有机会以他们的视角来书写这一段历史……然而数据却显示，双方都涉嫌杀害自己的政治对手。

有些人显然意识到了当时对堪萨斯城暴力的夸大其词，也给予了讽刺。《堪萨斯城要报》的编辑觉得媒体人的歇斯底里十分好笑，就在1858年写下了：

> 堪萨斯城最近的内战持续了一天半，一位堪萨斯联络员总结了最终战果：
>
> 遇害：0人
>
> 受伤、鼻子挫伤：2人
>
> 失踪：0人
>
> 被捕：350人
>
> 受惊：5 718人
>
> 如果阅读了《圣路易斯民主报》和一些堪萨斯城报纸对最近这场战争的可怕描述，读者恐怕会以为真正被害的人数至少会跟实际受惊的人数相当，是真的"惨遭屠杀"了。

尽管如此，堪萨斯城里的困境仍然是足够真实的。在1855年选举中，隔壁的密苏里州支持奴隶制的人非法支持成立堪萨斯准州立法会,在那之后便很明确,堪萨斯城的政治未来将会成为争议点之一。两个准州政府——一个支持奴隶制而另一个反对——并不能和谐地共同运作着。有意思又给人以启示的是,反对奴隶制的堪萨斯政府所提出的州宪法将导致连自由的黑人也被禁止进入本州领土。

> **媒体怎么说**
>
> (它)只是体现南北方真正争议的一个微小事件……(因为)控制联邦政府才是南方和北方真正渴求的。
>
> ——1854年《纽约时报》如此形容奴隶制

共和党的崛起

围绕《堪萨斯—内布拉斯加法案》的争端最终证明,摇摇欲坠的辉格党已不堪重负,被南北方的敌对情绪弄得四分五裂。填补辉格党自我毁灭造成的政治真空的是共和党。1854年建党的时候,共和党还是个地区性政党——正是那么多美国政治家都想要避免的。共和党以他们的自由地区立场和对高保护性关税的支持吸引了许多支持者。

作为支持自由地区的人,他们反对准州存在奴隶制,不过从该党1856年的纲领性文件中可见,排除奴隶制的种族主义动机十分明显,在其中一部分如此表述:"合众国一切未经占领的领土,包括其日后可能获得的领土,都应该为白种高加索人种[1]保留——这

---

[1] 白种高加索人种:高加索人种是一种在历史上用来描述欧洲、北非、非洲角、西亚、中亚和南亚部分和一部分人的身体或生理类型的分类,主要指白种人。

一点在将奴隶制排除在外时不可排除。"他们的经济政策中,保护性关税形成了一条重要的政纲,简直就是最能引起南方人反感的方案。亚伯拉罕·林肯曾于1860年当选为美国第一任共和党总统,他在入主白宫之前就已经支持保护性关税几十年了。

奴隶制不是争端中心

对于更加激进的共和党人来说,自由土地立场只是他们希望最终消除奴隶制的首次突袭。而保守的共和党们虽然也不是奴隶制的支持者,却意识到南北方之间真正的斗争是权力,简单明了。根据历史学家埃里克·方纳的说法:

> 共和党获得保守派支持的关键之处在于,与南方政治势力抗争以及随之而来的经济后果。诸如跨大陆的太平洋铁路、宅地法案、保护性关税、政府援助的内部改进等提案都一次又一次地被民主党抵制,而这看上去是因为南方的独裁。保守派希望通过共和党将联邦政府的控制权从这些奴隶主的手中抢过来,他们认为南北方分歧的根本就是对政权的争夺。

保护性关税问题大概是南北战争前最具争议的经济问题。高关税致力于保护北方工业区不受外国竞争者的伤害,对于农业化的南部而言却是沉重的负担,因为他们没有什么工业需要保护。对于南方人来说,这些关税意味着工业制品会有更高昂的定价,他们要么从国外买,然后交关税,要么就以高昂的价格从北方佬那儿买。关税保护让这种情况成为可能。虽然南方经济体的一些部分,如路易斯安那州的蔗糖种植主也支持保护性关税,但总体来说,南方是反对的（关税保护对南方的产品不会有什么好处，因为他们的产品大部分都销往全球）。

同样地，联邦土地政策也导致了南北分裂。北方人希望联邦政府馈赠土地，而南方人则认为联邦土地应该被变卖。他们担心要是联邦政府无法通过土地交易获得财政收入，就要提高关税以弥补损失带来的压力。他们还认为自由土地政策通过增加可用的农业土地总量而降低了南方土地的价值。以上是一些造成南北分裂的经济因素，正如方纳所观测的，这些问题总会在19世纪四五十年代的辩论中若隐若现。

事实：当地的南方法官释放了德莱·斯科特

南北战争前10年，最具有争议性的事件是臭名昭著的1857年蓄奴案判决，这个判决也激化了南北矛盾。这个案子牵涉到的是一位密苏里州奴隶德莱·斯科特，他曾经被自己的主人——一位陆军外科医生——带到自由州伊利诺伊和自由准州威斯康辛。后来斯科特上诉要求获得自由，理由是在他去这些地方期间，因为奴隶制并未被当地法律所承认，使他成了自由人。

整个案子极为复杂。1836年，波士顿女性反奴隶制社区就曾经将一个被自己女主人带到马萨诸塞州访友的6岁女奴案件告到了该州最高法院。根据该社区的证词，既然这个小女奴进入了自由州，奴隶关系便宣告解除，而她也就自由了（这女孩并没有出走，此案与宪法的逃亡奴隶条款没有关系）。鲁弗斯·乔艾特代表那个女孩申诉，他宣称："礼让只是一种政策和礼节——永远都不能滥用而不顾本州根据公共法律而行认为正义的事。"换句话说，各州虽然达成默契要尊重彼此的立法，但这只是礼节和便利，并非不可妥协的原则，因此马萨诸塞州并不受他州奴隶制相关法律的约束。

这样一来，礼节原则就不能被用来挑战马萨诸塞州宣布那些抵达本州边境的非逃亡奴隶自由的权力。法院同意乔艾特的说法，宣布："根据本州法律，其他州的奴隶主若自愿将奴隶带入本州，便无权违反该奴隶意愿而继续保留他，或违反他的意愿将他带出本州以使其继续成为奴隶。"

斯科特的案子与这个6岁女孩的案子不完全一样，因为马萨诸塞州最高法院那时裁决的是奴隶还没有离开本州。而斯科特在上诉时却已经回到密苏里州多年。不过马萨诸塞州的判例能够表明，进入自由州的管辖权可以让奴隶自由。

为什么应该给德莱·斯科特自由

更恰当的参照应该是1772年萨莫赛特一案的判例，这是一段不列颠的法学案例，却进入了美国的法律意识中。这一著名案例涉及一位牙买加奴隶詹姆斯·萨莫赛特。当他的主人带他去英格兰出差时他逃跑了。在被抓获后，萨莫赛特被锁上镣铐扔到一艘回牙买加的船上准备卖掉。然而，在登船期间，他被依照《人身保护法》带上了王座法院。

在最高大法官曼斯菲尔德勋爵的判决中，他宣称，奴隶制是如此令人憎恶的制度，大大地违反了自然法，因此只能在制定奴隶制法律的地方存在。除非有法律确认了奴隶关系，否则就应该假设奴隶制不存在。既然英格兰不存在这样的法律，奴隶关系就应该被认为在英国无效，因此，萨莫赛特应该被释放。

基于这样的原则，1850年密苏里巡回法庭给予了德莱·斯科特和他的全家自由。法院基于南方法学界受到萨莫赛特案启示而生成的一套已经确立的判例论证体系作出了给予他自由的裁决。正如宪法学者约翰·雷明顿·格拉汉姆解释的那样，参考密苏里最高法院和其他南部各州最高法院在过去将近30年的申明，巡回法庭的决定并不令人意外。但密苏里最高法院在审理此案的上诉时否决了巡回法庭的判决并裁决斯科特和他的家人仍然为奴隶。该法庭认为，相关的法律应该是密苏里的法律，而非伊利诺伊州或威斯康辛准州的法律。

这一案件最终被上诉到美国联邦最高法院，法院以7票对2票的投票结果驳回了斯科特的上诉。首席大法官罗杰·坦尼论证道，因为斯科特不拥有美国公民权，因此他无权上诉至最高法院，从而对他最近的判决成立。

> **法官们怎么说**
>
> 　　在本州，从最开始有政府起就承认，法律正确的立场是主人如果将奴隶带去定居在禁止蓄奴的州或准州里，便视若解放了他的奴隶。
>
> 　　　　　　　　　　——密苏里首席大法官汉密尔顿·甘博
> 　　　　　　　　　　　　　　《德莱·斯科特一案异议[1]》

德莱·斯科特一案的真正意义：准州对奴隶制开放

令法庭的这一裁决充满火药味的是，虽然坦尼承认了自己没有

---

[1] 异议（dissenting opinion）：通过撰写异议，法官希望由此引导未来的案件指向其希望的结果。

此案的管辖权，却仍旧对斯科特的案子作出了争议性裁决。他之所以认为自己没有管辖权，是因为他主张，作为一个黑人，斯科特并不是美国公民，因此不能上诉到美国联邦最高法院。坦尼论证说，整个联邦，既包括北方州也包括南方州，都针对黑人制定了各种禁令，显示出各州并未将黑人当作美国政体的一部分，也并没有打算把公民权利扩展到他们身上。

美国的历史教科书都特别喜欢引用坦尼说黑人是"如此低等，他们根本没有那些白人一定会尊重的权利"。据我所知，没有任何一本教科书的作者不嫌麻烦地指出，坦尼并没有将此作为他的立场。上下文解释得很清楚，坦尼要说的是，在宣布美国独立之前，在白人之间上百年的共识就是认为黑人属于低等种族，而黑人与白人的公民平等基本上在任何地方都没有被提出过。坦尼的论点是，既然情况如此，在大部分白人间遭受如此广泛蔑视的黑人，非常不可能在立宪者制定宪法时被有意地视作公民。坦尼认为自己作为大法官，职责应该是诠释业已存在的法律，而不应该是让一些人获得公民权。如果人们希望将公民权扩展到生活在他们之中的黑人，他说，那么他们便应该通过正常的立法程序来达成目标。

这一裁决令北方人不爽的其实并不是德莱·斯科特的个人命运，虽然这是现在的本科生们在考试时唯一记得的内容（实际上，斯科特和他的家人在结案后不久就被自己的主人释放了）。核心问题是，坦尼对准州奴隶制问题的评论。坦尼论证说，斯科特在威斯康辛准州这一自由准州的暂住从一开始就是违宪的。根据坦尼的论证，《密苏里妥协》本身就是违宪的。各准州是美国的公共财产，坦尼说，因此人们应该拥有平等的进入权。在准州禁止奴隶制就等于释放所有可能被带去那里的奴隶，而这样的行为相当于非法没收财产，违反了宪法第五修正案正当程序保障原则。因此各准州应该开放奴隶制。

因为在这一裁决前3年，《密苏里妥协》就已经由于《堪萨斯—内布拉斯加法案》而搁置，因而坦尼的表述并没有太多实际效果。然而在南北战争爆发之前的数年中，《密苏里妥协》的象征意义即便不比实践内容更重要，也至少是同样重要的。坦尼认为有些美国人一直无比尊重的《密苏里妥协》违宪，就让一些人完全不能接受。对于那些想象力非常丰富的人而言，这看上去进一步证明了一项针对南方扩张的奴隶权力阴谋的存在。共和党人特别不高兴，因为共和党的一条主要政治纲领就是在各准州禁止蓄奴。现在，随着德莱·斯科特一案的裁定，共和党人得知即便他们能够在竞选中成功，也不会让他们的计划付诸实施。他们被告知自己纲领中主要的核心内容违宪。

今日之政治正确

"苦涩的事实，"历史学家约翰·雷明顿·格拉汉姆写道，"是坦尼和他的赞成者们通过毁灭性的一击，毁掉了至少延续了3个世纪的、始终如一的大量判例……对于德莱·斯科特和他的家庭而言，的确很不公正，然而他们至少最终还是被解放了，全世界都知道他们的清白无辜。而更不公正的是对于南方，因为这一区域已经积攒了大量的判例支持斯科特和他家庭获得自由。还有一位南方法官，根据这些判例的确已经给予斯科特和他家庭以自由。但是，南方各州却承担了这一臭名昭著的判决带来的狼藉声名。"

> 一本你未必看过的书
>
> 《秘密六人组：约翰·布朗和废奴主义运动》[1]，奥特·斯科特著，纽约：时代书社，1979年版。

疯子出街：杀人狂约翰·布朗重回舞台

很难夸大约翰·布朗于1859年袭击哈珀斯渡口联邦军火库的重要程度。几乎可以肯定的是，布朗是个疯子，他相信摧毁奴隶制是他神圣的使命。3年前，他就曾经在堪萨斯城犯下血腥的波特瓦特米溪大屠杀，自打1855年准州立法会非常不合规矩的选举之后，堪萨斯就一直存在奴隶制支持者与反对者之间的对抗。

布朗和他的同伴们以5个家庭为目标——而这5个家庭都没有奴隶——在布朗看来，这些家庭都效忠于堪萨斯奴隶制的支持者。他的手法极为残忍：每一个案子中，他和同伴都把家里的男主人从床上拖起来，然后伴着这个家庭恐怖的尖叫声屠杀了男主人。犯下这些恐怖行径之后，布朗变成了一个逃犯，直到1859年才重新露面。他计划实施一场对奴隶制的攻击，他希望这一攻击将会比在堪萨斯城的那些谋杀更加系统、更加有效。

1859年10月，布朗和19名追随者占领了弗吉尼亚州（今天的西弗吉尼亚州）哈珀斯渡口的联邦军火库，提供武装以挑起一场波及整个南方的大规模奴隶暴动。这个计划失败得很惨：布朗和他的支持者发现自己被敌视他们的当地居民、民兵甚至是由罗伯

---

[1] 此书的英文名是：The Secret Six: John Brown and the Abolitionist Movement.

特·E. 李将军统帅的联邦军队包围。在10个追随者被杀之后，布朗投降。他和6个同伙被判死刑，随后被绞死。毫无疑问的是，这时南方人开始担忧自己在联邦中的安全，例如，弗吉尼亚脱离联邦论者爱德蒙·鲁芬就在南方各州发放布朗随身携带的铸铁管，上面贴着标签说，"我们的北方兄弟们为我们准备的礼物样品"。即便林肯表达了反对，共和党大会也发表声明谴责了布朗的袭击，许多南方人仍然怀疑共和党对布朗抱有同情。

历史学家史蒂芬·钱宁在他的著作《恐惧的危机》（1974）中展示了在约翰·布朗袭击之后，对北方的意图和行为的恐惧和怀疑是如何影响南卡罗来纳州1860年作出退出联邦决定的。当得知有德高望重的北方人（"秘密六人组"）肯定知道布朗是何等人物的情况下还出资支持他的行动之后，一些南方人得出结论，认为北方人痛恨他们至极，如果他们退出联邦，北方各州不仅不会后悔，说不定还欢迎得很也就不足为怪了。

这一假设很快就会得到验证。

文士们怎么说约翰·布朗

一个圣人……他的殉道将会令绞架如十字架般熠熠生辉。

——拉尔夫·沃尔多·爱默生

800多年前基督被钉在十字架上，而今天早上，布朗队长被绞死。他们是同一条锁链的两端。他已经不是老布朗了，他是光明天使。

——亨利·大卫·梭罗

正义的圣约翰。

——《小妇人》作者露意莎·梅·奥尔柯特

特例：
他比任何人都更该被绞死。

——纳撒尼尔·霍桑

第六章　南北战争

亚伯拉罕·林肯这位第一任共和党总统于1861年3月入主白宫，当时已经有7个南方州正式退出联邦：南卡罗来纳州、得克萨斯州、路易斯安那州、密西西比州、阿拉巴马州、佐治亚州和佛罗里达州。4月，林肯派了一艘军舰对查尔斯顿港的联邦堡垒——苏姆特堡进行补给。如果南卡罗来纳州是真正地退出了联邦，该州就不可能允许联邦政府在它的领地上继续拥有一个军事堡垒。因此，为了反抗，南方人打响了苏姆特堡之战的第一枪。虽然并没有人员伤亡，但林肯却宣布这是叛乱，并招募了7.5万名国民卫队队员去阻止"叛乱"各州。

林肯使用军队的决定刺激了另外4个南方州——田纳西州、弗吉尼亚州、北卡罗来纳州和阿肯色州——退出联邦。他们认为，用武力对付各州是疯狂的举动，与传统的美国诸原则背道而驰。由此，"内战"爆发。

> 你知道吗？
>
> 1. 各州有权利退出联邦。

> 2. 南北各州之间的战争之所以爆发不是为了解放奴隶。
> 3. 林肯相信白种人更加优越，他支持遣返获得自由的奴隶。
> 4. 南方想要自由贸易，而北方想要贸易保护主义。
> 5. 除了美利坚合众国这一特例，西半球所有19世纪还存在着奴隶制的国家都和平地废除了奴隶制。

到底是否存在一场美国内战？

严格地说，并不存在一场真正的美国内战。所谓内战，是指两个或多个派别之间为夺取一国政府控制权而展开的冲突。1640年的英国内战和1930年的西班牙内战就是两个典型的例子。在这两场战争中，两国都是两个派别争夺对政府的控制权。而1861—1865年间的美国南北战争并非如此。退出联邦的南方诸州并没有试图夺取美国政府，他们是想宣布独立。

有时候人们建议不要用内战，而用"南北战争"，本书也采取了这种说法，然而，这种说法也不是那么准确，因为其实冲突并非发生在不同的州之间——亦即，并不是佛罗里达州与新罕布什尔州开战，也不是罗德岛州与密西西比州开战——而是合众国政府与组成了1861年美利坚邦联国的11个南方州之间的战争。另外还有一些充满了意识形态色彩（尽管如此却更加准确）的名称，包括"南方独立战争"，甚至是"北方侵略战争"。

> **国父们怎么说**
>
> （我们应该）下定决心……决然退出我们如此珍视的联邦，而不是放弃自治的权利……仅仅通过这一权利本身，我们就能看到自由、安全和幸福。
>
> ——托马斯·杰斐逊对詹姆斯·麦迪逊如此说道

各州有权退出联邦

任何教材都没兴趣提出来这样一个问题：南方各州到底是否拥有退出联邦的权利？他们有。杰弗逊·戴维斯是新成立的美利坚邦联国[1]的总统，他就认为在宪法第十修正案里能找到退出联邦的法律依据。这一修正案已经表明，并未由各州让渡给联邦政府，也没有因为宪法禁止各州执行的权利，仍然由各州或者人民保留。对于退出联邦问题，宪法并没有表态。因此，这一权利仍然是属于各州的保留权利。这也就是为什么林肯之前的白宫主人詹姆斯·布坎南允许前7个南方州和平离开的部分原因。虽然他并不相信这些州拥有退出联邦的权利，但他也相信联邦政府无权强留一个要退出联邦的州。

另一个支持退出联邦之权利的论点涉及弗吉尼亚州、纽约州和罗德岛3个州。读者可能还记得，这些州在通过宪法时附加了条款，如果新政府压迫各州，他们便可以退出联邦。1861年弗吉尼

---

[1] 美利坚邦联国（the Confederate States of America）：美国南方退出联邦的11个州所组成的一个新联邦，又称美利坚联邦国或美利坚联盟国。

亚退出联邦时便引用了通过宪法时的附加条款。然而，既然宪法同时也奠基在相互平等的基础上——所有州在尊严和权利上平等，任何州都不能比其他州获得更多权利——那么，这3个州所援引的退出联邦权利也就应该平等地延伸到所有州。

美国最德高望重的废奴主义者威廉·劳埃德·加里森甚至在他的美国废奴协会通过了一项决议，坚称每一个会员都有责任努力瓦解美国这一联邦（具体内容如下："我们决议，本国的所有废奴主义者都应该将瓦解美利坚联邦作为我们最基本的目标之一"）。他之所以持这种观点，部分是因为一旦北方与南方分割，就不会因为与奴隶制的干系而在道德上受到玷污（"不跟奴隶主联盟！"他宣称），但也是因为他相信北方的退出将会挖断南方奴隶制的根基。如果北方各州都成为一个独立的国家，那么他们就没有宪法义务要把逃亡的奴隶还给他们的主人，这样一来，北方各州就能够成为逃亡奴隶的避风港。南方奴隶制的强制措施开支将会贵得让人无法承受，这一制度终将土崩瓦解。

费城律师、联邦党人的同情者威廉·罗尔并不支持奴隶制，然而他在《宪法之我见》（1825）一文中也不得不承认，在某些特定情况下，各州退出联邦可以是完全合法的。罗尔的文章在1825—1840年间被用作西点军校宪法学的教材。

支持美国各州有合法退出联邦这一权利的权威人物数量非常可观，将他们加在一起就意味着，有非常值得严肃考虑的证据支撑这种权利的存在：托马斯·杰斐逊、约翰·昆西·亚当斯、威廉·劳埃德·加里森、威廉·罗尔，以及伟大的美国事务法国观察家阿历克西·德·托克维尔。再加上新英格兰地区各州曾经在19世纪早期多次威胁要退出联邦，结果实际上是不可避免的：退出联邦的合法性虽然并没有得到一致承认，在战前却已经在美国所有地区被当作理所当然的权利很久了。

> **总统怎么说**
>
> 任何地方的任何人民，只要想这么做又有权利这么做，就能够起义摆脱现存政府，并组成一个更适合他们的政府。这是最最珍贵、最最神圣的权利——我们相信，也希望借此权利解放全世界。这一权利也不可被局限于一个现存政府的所有人。人民中的任何一部分如果能够，都可以对他们所居住的领土进行彻底变革，并建立自己的政府。
>
> ——亚伯拉罕·林肯，1848年

> **德高望重的政治家怎么说**
>
> "这一邦联国家几个州的人民牢不可破的羁绊毕竟不是从权利中来，而是从人们心中来。如果真的有那么一天（愿上天阻止这种事），当这些州的人民心中对彼此不再充满感情，当这种兄弟般的精神让位于冷漠，或利益的冲突发展成为仇恨，将他们在政治上联系在一起的纽带不能继续维系那些不再因为调和的利益与好心的同情吸引到一起的党派。此时，不再联合的各州人民友好地分开，将会比被束缚在一起要好得多。"
>
> ——约翰·昆西·亚当斯在《宪法》50周年纪念时这么说

> **一位著名的法国人怎么说**
>
> 联邦"是由各州自愿同意组成的,这样联合起来并没有使各州丧失其独立性,它们也没有被降格为同一个人民主体。如果其中某个州决定从契约中消除本州的名字,很难否认该州不具有这么做的权利"。
>
> ——阿历克西·德·托克维尔

南北战争是为了解放奴隶吗?

任何一个研究过此问题的人都不会否认,至少在南北战争的前18个月里,废奴根本不是问题的所在。美国参议院从一开始就宣布过,战争的目的是要重建联邦,此外没有别的目标。他们在1861年7月26日通过了如下决议:

> 我们决议,目前令人震惊的内战是由南方和北方各州的分裂联邦分子加于国家之上的。在此等国家危机之时,参议院排除任何激动或憎恨的情绪,只铭记我们对整个国家的职责。这场战争并不是因我方的任何压迫而导致的,也不是为了任何征服或镇压的目的,更不是为了推翻或干涉那些州业已建成的体系和他们的权利。只是为了捍卫和维护宪法及按照宪法准则而制定的所有法律的至高无上,并维护联邦及诸州的所有尊严、平等和权利不受损害。一旦这些目标达成,战争就应终止。

1861年，有人提出宪法的一条新修正案明确地说明联邦政府无权——完全没有——去干涉蓄奴诸州的奴隶制度。林肯也支持这一修正案，他说："我理解一条新宪法修正案——已经在国会通过。该修正案大意是联邦政府应该永远都不干涉各州的内部事务，包括那些公职人员……如果这一条款现在即将成为宪法，我完全不反对它的表述，也不反对它成为不可更改之法律条文。"

林肯对种族问题的真实看法

既然有那么多写亚伯拉罕·林肯的书，按理说他对种族的看法应该广为人知，但并不是这样。在1858年与史蒂芬·道格拉斯的第四场辩论中，林肯宣布：

> 我要说，我现在没有，也从来没有支持过为白人和黑人争取任何形式的社会和政治平等。我现在没有，也从来没有支持过让黑人获得投票权或当陪审员，不支持让他们有资格获得公职，也不支持他们与白人通婚。我还要补充一点，白人和黑人有生理差别，我相信这一差别将会永远禁止两个种族在社会和政治平等的条件下生活在一起。正因为他们不该如此平等地生活，所以如若他们居住在一起，就必须有高低之分，我和任何一个人一样都支持将高等的地位赋予白人。

类似的观点在林肯的政治生涯中随处可见。在伊利诺伊州立法会任职时，林肯从来没有挑战过本州反黑人的立法，他投票反对给予黑人投票权，并拒绝在一个允许黑人在法庭上作证的请愿书上签名。林肯同样也非常支持对那些自由黑人进行殖民化，他确信他们永远都不可能融入美国社会。作为总统，他支持了一项宪法修正案，授权购买奴隶和将奴隶驱逐出境。他还敦促国务院去寻找可能的黑人定居地，如海地、洪都拉斯、利比里亚（在那里，一个美国专为获得自由黑人建立的殖民地已经建成了）、厄瓜多尔和亚马逊地区。

林肯是为了"拯救联邦"而战

林肯是他那个时代的产物，在那10年间，皮埃蒙特[1]将伦巴第、帕尔马、威尼西亚和其他意大利地区合并成为一个独立的意大利；同一个年代，普鲁士也把德意志各区（除了奥地利及其所掌控的地区）合并为德国；同一个年代，政治中央集权化正在日本发生。林肯便是被这样的国家主义精神所吸引，他与丹尼尔·韦伯斯特都通过这种意识形态滤镜来看待联邦和南方州退出联邦的行为。他告诉何瑞斯·格里利，如果他能够通过释放奴隶拯救联邦，他就会这么做；如果他能够通过一个奴隶都不释放而拯救联邦，他也会这么做；如果他能够通过释放一部分奴隶，而让另一部分继续受束缚来拯救联邦，他仍然会这么做。

---

[1] 皮埃蒙特（Piemonte）现今为意大利西北一个区，首府都灵。

英国报纸怎么说

北方的观点现在对于帝国而言表露无遗。奴隶制的问题被弃置一旁，南方不论要求什么，北方都毫不妥协，一口拒绝，除非那些退出联邦的州重新回到联邦……北方再也别假装以为奴隶争取自由的名义去证明自己理由是何等崇高了！

——《每季评论》（伦敦），1862 年

南北战争中的一些实际原因

就像一些北方报纸承认的那样，联邦还有一些别的动机。如果南方被允许退出联邦并建立自由贸易，将会有大量的国际商贸从北方港口转移到南方港口，因为商人们更偏爱南方的低关税和自由贸易体系。"如果任由南方采取自由贸易体系"，《芝加哥每日时报》就发出警告，北方的"商贸就会减少到不及现在的一半"。俄亥俄州国会议员克莱门特·法兰迪加姆认为，在说服北方重要的一些州支持战争时，关税问题扮演了关键角色。美利坚邦联的国会一采用低关税系统，法兰迪加姆便立刻说："商业和贸易……开始关注南方。"

纽约市是联邦最大的商业中心，西北部又是联邦的主要粮仓，现在他们都开始大声喧嚷，要废除北方有害而毁灭性的关税，这样一来新英格兰地区和宾夕法尼亚州都受到威胁，要么丧失政治权力和财富，要么就撤销关税导致最终仍然丧失那些权力和财富，即便高压政策和内战会带来各种恐怖，也只有付出这样的代价以保证不会被毁灭……对南方的镇压，以及关闭其港口——首先是在战争中通过强力，战后又通过关税法的和平手段——都是东部各州故意为之。

在约翰·布朗的袭击过后，温德尔·菲利普斯将北方的共和党描述成为誓言对抗南方的政党，这种描述的重要程度使其十分危险，还令人不安。有些南方人选择不再袖手等待出身于这种政党的总统会对他们做些什么。当然，有些人也害怕虽然林肯作出过不会废奴的声明，也还是会废除奴隶制，从而导致南方社会社会混乱和经济毁灭。

但奴隶制也绝不是南方人唯一担心的问题，特别是绝大部分南方人根本就没有奴隶。罗伯特·E. 李和"石墙杰克逊"[1]这两位南方最著名的将军，也将奴隶制形容为"道德和政治的罪恶"。李将军甚至反对过退出联邦，但当联邦政府开始施行与他所在的弗吉尼亚州开战的疯狂计划时，他决定不袖手旁观，要为弗吉尼亚而战。请记住，弗吉尼亚州、田纳西州、北卡罗来纳州和阿肯色州都是在林肯召集了7.5万名志愿军侵犯南方、阻止各州退出联邦之后才宣布退出联邦的。因此，这4个州肯定不是为了奴隶制而退出，而是因为林肯决定用军事力量镇压南方的独立。

南北方普通士兵的声音

忘掉那些政客们，北方和南方的普通士兵又为什么要拿起武器与自己的邻居开战呢？享誉学界的内战历史学家詹姆斯·麦克皮尔森在他1997年的著作《为了事业和同志：人们在内战中因何

---

[1] "石墙杰克逊"：托马斯·乔纳森·杰克逊（Thomas Jonathan Jackson）的绰号，美国南北战争期间著名的南方将领。

而战》[1]中考察了大量的一手资料，其中包括士兵的日记和他们写给爱人的书信，想要查明双方的普通士兵都是如何看待这场战争的。

在他收集的资料中，有2/3的——南方和北方士兵的比例都相同——战士说是为了爱国主义精神。北方士兵大都说他们参战是为了保留自己的祖先对他们的馈赠：联邦。而南方士兵也提到了自己的祖先，但他们大多认为国父们的真正遗产并不是联邦，而是自治原则。我们经常会看到南方士兵将南方对美国政府的反抗比作北美各殖民地对不列颠的反抗。在他们看来，这两场分裂之战都是为了保留自治而战。

美国原住民的声音

所谓的五大文明部落——柴罗基、巧克陶、契卡索、克里克和塞米诺尔族——都支持邦联这一方。1861年10月28日，柴罗基部落发布了《令柴罗基部落人民将自身之命运与美利坚邦联人民命运相结合诸条款之宣言》，以下部分摘录于这一宣言。邦联非常高兴能够得到印第安人的支持，甚至保证给他们自己的州，而不仅仅只是联邦保护区而已。

他们（南方人）否认任何侵略南方各州的意图，仅欲击退入侵他们领土的人并保障自治的权利。他们只承

---

[1] 此书英文名为：For Cause and Comrades: Why Men Fought in the Civil War。

认《美国独立宣言》中确立的各项特权，北方诸州本身的自治权，若变得不能忍受时改变政府形式并确立新的政府形式以确保他们的自由，亦是根据此项宣言而形成……

然而，在北方各州，柴罗基人民警觉地发现他们违反了宪法，一切民事权利都陷入危机，所有文明战争、普遍人性和尊严的规则都被毫不犹豫地抛弃。在仍承认联邦的各州中，一种军事专政取代了公民的权利，法律变成沉默的武器。言论自由和思想自由都变成了罪恶。由宪法所保障的人身保护法在国务卿或最低等级的将军举手投足之间消失殆尽。最高法院首席大法官（他宣布总统无权暂停人身保护法）的命令在军权面前毫无意义，而这种对普遍权利的暴行竟被一位宣誓要支持宪法的总统批准。最大范围的战争爆发，在镇压违法的人民联盟的假象之下，无数的部队被召唤参战，却缺乏任何正当性……

不论柴罗基人以前曾经对南方各州时有抱怨的理由何在，他们却仍然觉得自己的利益和命运都与南方的利益和命运密切相连。现在爆发的这场战争是北方在贪婪而狂热地反对蓄奴制、反对南方的贸易自由、反对各州的政治自由。北方的目标就是消除这些州的主权，并完全颠覆共有政府的本性。

全面战争的爆发

F. J. P. 维尔在他经典的全面战争发展研究中,将美国各州之间的战争描述成历史的分水岭,因为这场战争有意又戏剧性地断绝了它与欧洲战争准则的联系。自 17 世纪起,欧洲便发展出这么一条准则:禁止参战各方以平民为目标。维尔认为,的确也有例外:"(罗伯特·E.)李就做到了让南方的战略部署与欧洲的作战准则一致。"但林肯的部队就不能这么说了。

最臭名昭著的针对平民的袭击一部分发生在新奥尔良,本杰明·巴特勒将军领导着占领该城的北方军。新奥尔良的妇女不怎么喜欢他粗鲁的风格,更不喜欢士兵的性挑逗。愤怒的巴特勒颁布了《第 28 条治安令》:

> 美利坚合众国的军官和士兵一直竭力采取不干涉和尊重的态度,作为回报,我们却不断受到自称"淑女"的新奥尔良妇女的侮辱,因此下令从今日起,若任何女性以言辞、手势或动作侮辱或轻蔑任何合众国军官和士兵,就会被视作本地的妓女并得到相应对待。

换句话来说,南方的妇女将被看作是妓女,这一"有权强暴"的命令让欧洲文明诸国震惊,立刻就受到来自英国和法国的抗议。英国首相宣称:"我敢说,直到这一命令公布之前,任何文明国家的历史上都不可能找到这样冷血而臭名昭著的罪恶法令,故意将对占领城市的女性居民的无限权利交于一群不受管辖的士兵之手。"

威廉·谢尔曼将军一个人所犯下的罪行就能写上无数页。在密西西比州的威克斯堡，谢尔曼的军队毁坏房屋，损毁农田里的所有庄稼。"城市被重炮轰炸，"汤玛斯·迪洛伦佐写道，"居民们不得不住在山洞中，靠吃老鼠、狗和骡子活命"。同样的策略随后也被用在杰克逊城上，那里遭受了无休止的轰炸。士兵们将住家洗劫一空，然后毁掉。"居民们受到镇压，"谢尔曼如此观察道，"他们大声哭喊着求我们大发慈悲，周遭30英里的土地完全被毁"。在描述他的军队对当时没有任何邦联驻军的密西西比州默里迪恩的所作所为时，谢尔曼写道："我们1万名意志坚定的士兵勤奋地工作了5天，用斧头、撬棒、雪橇和火毁灭了一切。我一点也不犹豫地宣布，他们干得漂亮。"他说默里迪恩"已经不复存在"。

南方士兵怎么说

情况可能会比现在糟糕许多，但我们还是能够承受——即便到那个时候，也还没艰难到我们的先祖们所经历的那样，他们所为之斗争的，和我们现在抗争的是同一件事。

北方士兵怎么说

我们在为联邦而战，这是高贵的情感，但始终也不过是情感而已。他们则在为独立而战，因为对入侵者的刻骨仇恨更富战意。

我们还没有提谢尔曼那些最臭名昭著的暴行，特别是在佐治亚州干的事。对于今天的许多人来说，对战争的这种理解已经太过于熟悉，可能甚至认为虽然粗鄙但有理，于是很难将战争行为设想成其他的样子。这只能体现出我们被 20 世纪的观念所束缚的道德局限。这种行为在 19 世纪绝不普遍，也不可是道德所允许的。谢尔曼自己说得最清楚，他承认根据自己在西点军校受到的教诲，他应该被以战争罪起诉。

在美国发生的这一切是国家的悲剧，当然，没人会哀悼奴隶制的消亡。但考虑一下巴西的经验。1884 年巴西的塞阿拉州废除奴隶制之后，奴隶制在巴西全境土崩瓦解。奴隶们逃到塞阿拉，当时匆忙通过的一项逃亡奴隶法案被大部分人无视。奴隶的价值猛然下跌，4 年之内，巴西政府便承认了现状，颁布法律立即释放奴隶、不得补偿奴隶主。这正是为什么废奴主义者威廉·劳埃德·加里森支持北方退出联盟的原因：将奴隶们从南方吸引过来，这样奴隶制就自然站不住脚了。

但所有那些只看到这一战争奴隶制问题的人将会错过英国自由主义者阿克顿勋爵的远见卓识。这位勋爵将中央化的最终胜利视为西方文明生活诸价值的可怕失败。在 1866 年 11 月写给罗伯特·爱德华·李的信中，阿克顿勋爵写道："我把各州的权利视为对绝对主权意志的唯一有利制衡，退出联邦的行为让我充满了希望，不是毁灭的希望，而是民主救赎的希望。因为邦联宪法清楚说明并明智地考量后想要纠正的那些缺陷和对原则的滥用，你们的共和国政体并未成功对旧世界施加本应属于他们的那些苦口良药和自由的影响。我曾相信，通过建立真正的、排除了共和国本地危机和无序状态的自由，这一伟大变革的实例可以赐福于人类的所有种族。因此，我认为，你是在为我们的自由、我们的进步和我们的文明而战。我对里士满[1]所损失一切的哀悼之情，更甚于我对滑铁卢所挽救一切的快乐。"

> **教科书上遗漏的一段引文**
>
> "葛底斯堡演讲是美国历史上最简短也最著名的演讲……最激荡的情感汇聚成诗意的寥寥数语。就连林肯本人也根本无法匹敌这一讲演，它真的是无与伦比。但是，我们不要忘记了，它是诗歌，而不是逻辑；优美，但没有道理。想想看其中的论证，将它置入冰冷的日常语言之中。这个论证简单来说就是：那些牺牲在葛底斯堡的联邦战士牺牲生命，为的是自决权——一个民主、民权、民生的政府，不应该从地球上消亡。简直难以想象还有比这更加不真实的话。因为在战争中，联邦士兵实际上是反自决权的一方，而那些邦联分子才是在为自己人民的自治而战。"
>
> ——H. L. 门肯谈葛底斯堡演说

---

[1] 里士满：弗吉尼亚州首府，南北战争期间南方邦联的首都，最终被北方军攻克。

第七章　战后重建

1865年南北战争结束后，联邦政府对失败的南方诸州采取了何种政策呢？宪法中没有任何条款可以用来解决美国那时所面对的问题。就连重建南方各州的权力到底应该属于总统还是国会都还需要争论。

> 你知道吗？
> 1. 宪法第十四修正案从未按照宪法形式获得正式批准。
> 2. 重建时代并不是像大多数教科书上所讲的那种典型现代故事版本：高贵的北方人与邪恶的南方人之间的战争。

林肯、约翰逊和总统式重建

战争还未结束时，林肯就已经提前思考如何重建南方各州了（此处的用词很重要：林肯绝不会谈论南方各州的重新加入，因为他相信联邦并未中断也不可摧毁，因此退出联邦本来在形而上的层面上就是不可能的。也许南方各州认为自己退出了联邦，但在林肯的脑子里,他们从来没有离开过,只是反叛而已)。

林肯的重建计划相对而言还算挺仁慈。他大赦了那些宣誓效忠于联邦并保证遵循联邦法律与奴隶相关内容的人。邦联的各高级官员则需要总统的特赦才能重新享受政治权利。一旦某一州超过10%符合条件的选民宣誓效忠于联邦,该州就可以建立新的州政府,并派代表进入国会。

安德鲁·约翰逊在林肯1865年4月被刺身亡后继任总统,他的计划也与林肯的基本类似,不过任何财产超过了2万美元的人都需得到总统特赦才能重获政治权利。这一条款就是为了惩罚种植园主阶级,约翰逊认为他们要为说服南方人支持退出联邦的决定而负责。虽然他更支持逐步推进黑人的选举权,但是他也和林肯一样并没有坚持要将之作为立即生效的必要条件。

激进的共和党走上舞台

上述政策对于激进的共和党来说实在是不够严厉。激进共和党是共和党内倾向于采用重建政策中更为严苛的部分。他们坚持要大力扩张联邦政府对于各州的权力,并确保黑人获得投票权。激进派的确也考虑过要把南方各州赶出联邦。马萨诸塞州参议员查尔斯·萨姆纳就曾说过,之前的邦联诸州是"自杀"了。宾夕法尼亚州的国会议员萨迪厄斯·斯蒂文斯说得更夸张,他将脱离联邦的各州描述成为"被征服的各省"。这样的思维方式对合法化激进派在对待这些州时全然不顾法治的行为非常有帮助。

在1865年年末国会召开之前,约翰逊总统的重建计划本来进展顺利。然而,虽然南方各州的代表已经按照林肯或约翰逊的计划组建了政府,但国会却拒绝让这些代表在国会中占据一席之地。虽然国会的确有权利对其成员是否符合资格作出裁决,然而,这种只是大范围内对于一整个阶级代表的拒绝,而不是宪法所假定的那种具体问题具体分析的评估。当霍勒斯·梅纳德这位一直以来都一丝不苟地忠于联邦的田纳西州代表也无法获得一席之地后,很明显,任何南方代表都不可能成为国会议员了。

这些激进的共和党们仅仅是为了自己吗?

大量当时的观察家都认为,激进的重建计划背后,人们的真正目的是通过南方刚刚获得自由的人口来维持共和党在美国政治生活中的统治。共和党人认为初获自由的那些奴隶理所当然一定会投共和党的票。例如,康涅狄格州议员詹姆斯·迪克逊就论证说"激进派们的目标"是"挽救共和党而不是重建联邦"。谢尔曼将军也持这样的看法,他非常确信"整个将投票权给那些黑鬼们的想法"就是"要创造出足够多的选票,好让人用在政治用途上"。他表达了自己对这样一项"让政客们可以制造出那么多易受影响从而达到拉选票目的的材料"计划的不满。的确,就连激进共和党人萨迪厄斯·斯蒂文斯都不得不承认,为了带来"本党"——即共和党——"在联邦长久的支配地位",那些获释奴隶的选票十分必需。

亨利·沃德·比彻也对激进派忧心忡忡。比彻是哈丽特·比彻·斯托(《汤姆叔叔的小屋》一书作者)的兄弟,他一直都积极地反对奴隶制,并为堪萨斯城反蓄奴制者提供武器。但就连他都告诫自己的同胞要警惕,让激进派斗志昂扬的党派精神:

> 据说,如果让南方的参议员和代表们进入国会,他们就会与北方的民主党人联合起来统治美国。那么,是不是说,就让

这个国家继续支离破碎，好结束党派之争呢？我们在过去10年的历史中难道一点智慧都没有增长吗？过去10年，正是这种牺牲国家而成全各党派迫切需求的做法才让我们陷入了叛乱和战争之中。

20世纪的一位北方作家奥托·斯科特就曾这样观察，战后激进派的报复心，特别是他们坚持南方不许进入联邦、无权在国会获得代表权的态度能够清楚地说明，北方参战的动机其实并不是那么纯粹："赢了那场战争，然后却拒绝让南方继续待在联邦中，这不仅完全不符合逻辑，而且也心照不宣地承认了战争根本就不是为了蓄奴制，而是——像所有一切战争一样——为了权力。"

1866年，约翰逊总统一票否决了《自由民管理局法案》和《1866年民权法案》。他的否决意见书中涵盖了对他所认为的立法机构中有可能违反宪法方面的详细批评。正如路德维尔·约翰逊所解释的那样，《自由民管理局法案》和《民权法案》建议建立一套无限期的，广泛的，独立于宪法之外的警察和司法系统，就像约翰逊正确指出的那样，将会令大量滥用权力的行为有机可乘。"另外，约翰逊还认为在11个州仍然被剥夺国会代表权时推出如此重大的法案既不公平也不明智。

南方的黑人法典

据称，此类立法很有必要，是因为在一些南方州施行了"黑人法典"而很有必要。这些法典在不同程度上剥夺了黑人的自由，激进派将其描述为奴隶制的继续。然而，这些法典其实是基于起草重建法案时仍有案可查的北方流浪法和其他限制性立法基础上的。历史学家罗伯特·赛尔福·亨利就论证道:"密西西比州和其他南方各州的流浪法案中的任何一条内容,基本上都是从北方的法律中抄过来的,而许多北方法律的条款都比南方所提出的法案要严苛得多。"

在东北部,印第安纳和威斯康辛州,各种流浪法都跟南方的一样范围甚广,违法的惩罚则要重得多。"在北方不同的州,任何人若无雇主四处游荡乞讨,又'不能很好地自陈其情',都有可能作为无业游民入监,时间从 90 天至 3 年不等。"

两位当代学者 H.A. 斯科特·特拉斯克和凯里·罗伯茨都认为黑人法典的立法意图被曲解了,同时所涉影响也被夸大了:

> 自由民被承认或公认的最重要法律权利包括持有财产、结婚、签订契约、提起诉讼和在法庭上作证的权利。的确有许多依法对于无业游民进行的惩罚,然而其中的意图并不是像北方的激进派所控诉的那样,要将他们以农奴的永久性身份束缚在某一片土地上,而是要结束这样一种无法容忍的状况——大量身无分文、没吃没喝、找不到工作也没有家的自由民在南方四处游荡。这样的状况正逐渐使这些人走向犯罪、恐惧和暴力。

当时北方流行的压倒性观点所带来的道德优越感经常让北方人对他们本身的问题视而不见。《芝加哥先驱导报》抗议过密西西比州的黑人法典,却从未反思过本州的各项法律。在伊利诺伊州,州内的任何黑人自由民如果不能提供自由身份证明,又不能交够

1 000 美元的保释金，就得面临被逮捕的后果，还需要做一年的劳工。伊利诺伊州还继续禁止黑人在任何涉及白人的案件中出庭作证。直到 1865 年，该州才废除了向任何进入伊利诺伊州的黑人自由民罚款 50 美元的法令（交不出这笔钱的黑人就得为任何帮他们交罚款并要求最短劳力时间的人卖力）。

南方各州开始保护黑人的权利

到 1866 年年初时，大部分南方州都已经颁布了法令保护黑人持有财产、求助于法庭，以及在所有只要一方为黑人的案子中作证的权利。南方各州都能听到要求各州对黑人政策自由主义化的呼声——甚至在法令最严苛的密西西比州也一样。《哥伦布哨兵报》将限制法令的起草者形容成是"草包脑袋，这些人大多数更关注如何在家里赚钱，而不是如何让华盛顿的那些权威们息怒……他们就是一群彻头彻尾的政治野蛮人，竟然能毫不受限制地摧毁一个州。整个南方的财富都会因他们的愚蠢而受伤害"。其他各州的报纸也表达了类似的看法，其中包括《杰克逊号角报》和《维克斯堡先驱报》。

虽然联邦的格兰特和谢尔曼将军都宣称南方效忠于联邦并理应迅速重新加入联邦，有些人却仍然认为南方并不是绝对忠诚的。萨迪厄斯·史蒂文斯的一个朋友就曾坦白，他震惊于"虽然他们承认自己被好好教训了一顿并宣称未来要忠于联邦……但邦联的将军们才是他们心目中的英雄——邦联的勇敢，在艰难困苦中的坚持，他们的自豪和自夸——邦联的死士们是他们的殉道者……在里士满的所有商店中……我没看到任何一个联邦将军或政治家的照片，但反叛军的就太多了"。然而从来就不同情各州退出联邦，并一直都支持联邦的约翰逊总统，却仍然能够理解为什么一群战败的人会尊崇他们的英雄。"人民已经受了这么多苦,所以应该允许他们发发牢骚,"约翰逊说,"如果他们不尊重那些和他们并肩受苦的勇敢的军官们,不尊崇那些长眠于他们家园四周百余战场上的守卫者们,那他们就不配当人。"当然,这样的评论只会让约翰逊和激进派渐行渐远。

宪法第十四修正案和各州的权利

重建时期"无视法治"这一特点最明显的例证,大概就是宪法第十四修正案的通过和批准了。激进派意识到别人能够合法地挑战《1866年人权法案》,于是他们便寻求将这一法案的条款整合成宪法修正案的做法。第十四修正案最重要的是第一款:

> 所有在合众国出生或归化合众国并受其管辖的人,都是合众国的和他们居住州的公民。任何一州,都不得制定或实施限制合众国公民的特权或豁免权的法律;不经正当法律程序,不得剥夺任何人的生命、自由或财产;在州管辖范围内,也不得拒绝给予任何人以平等的法律保护。

第一句话将美国公民身份扩展到了所有出生在美国并受其司法管辖的人,完全逆转了宣布黑人不是美国公民的"德莱·斯科特判决"。至于第一款的其他内容,人们对它"本来意图"也有争议。哈佛大学的拉乌·伯杰几乎整个学术生涯都在试图证明这一修正案的范围并不广,只是意图给予联邦政府权力以确保各州不会干涉自由民的基本权利——签订契约、诉讼、拥有财产。同样地,詹姆斯·E.邦德也在1985年的《阿克伦法学评论》上论证,根据修正案支持者的说法，该法案要保护的那些"不可或缺的"人权，包括"签订契约、诉讼、出庭作证和其他诉诸法庭的权利，拥有和转让财产的权利，以及完全且平等地享有所有法律保护的人身和财产权利"。激进派希望的是拥有更加广泛的权利，但他们最终得到的就仅此而已。

第十四修正案是如何非正义地侵害各州自治权利的？这大概得写上一整本书才行。本书中我们可以思考几个例子。

1994年加利福尼亚州经投票表决通过了187号提案，提案否决了向非法外国人提供"免费"（即由纳税者税款提供资金）的社会服务。加州人幻想着自己有权利自治，便违背流行的各种意见——不论是自由派还是"保守派"的——通过了这一提案。但是，当联邦法庭以宪法第十四修正案的名义阻止了187号提案的执行时，加州人终于发现到底是谁在治理他们。逼着一个州为那些非法逗留在美国的人提供"免费"服务而导致该州破产，这跟第十四修正案能有什么关系？谁知道。但这正是许多人一开始就反对它的原因：修正案中本来在恰当的上下文中特指一些特殊而有限的权利的语言，在生搬硬套时却变成了联邦统治各州的窍门。

为什么会有人反对它？

然而，即便是这样相对温和的目标，一些南方人仍然相信给予联邦政府此等监管权力，长期下去将会腐化美国的联邦体系。这一修正案将会成为一项最终削弱各州权利进程的起始点。这样的担心并非没有根据，连一些北方人也都担心重建会走上这条路。约翰逊总统的内政部长奥维尔·布朗宁在伊利诺伊州成就了他的政治生涯，他就曾发出警告："现在威胁着我们最严重的危机就是中央集权的倾向，吸纳各州的权力，并将所有的权力全部集中到联邦政府手中。要是有一天它真的实现，那么，共和国的寿数就不长了。"

修正案的第二款涉及黑人选举权，在1870年便很快被宪法第五修正案取而代之。第四款拒绝了邦联的债务，第三款则将任何曾经在邦联中任职的人都赶出了美国政界。这样一来，南方正常的领导阶层就会因一条宪法修正案受侮辱而名誉受损且永远都没资格担任公职。一些观察家相信，仅这一款就基本上保证了南方一定会拒绝这个修正案。一位纽约州长候选人就曾经对北方的观众们说："这个激进的国会跟你们一样清楚，世界上没有任何人会同意这么一条宣布禁止自己的兄弟、父辈和朋友们参政的宪法修正案——况且这些人曾跟他们一起流过汗、受过苦。"

一个著名的美国人怎么说

联邦政府不适合执行对小事的管辖和当地的管治，要是它尝试这么做，便会不可避免地犯下愚蠢错误……想要迫使中央权力机关通过联邦公务员和陆军来统治联邦一半的领土，这样的政策不仅与我们的主张和原则完全不相符，还会使我们的政府精神面临极大的危险。不论该政策的目的和动机是如何的人道，它实际上就是一种指南，让我们的政府准备好成为专制政府，并让人民对这种权威的僭越习以为常，除了对自由非常危险之外还能有什么。

——亨利·沃德·比彻（哈丽特·比彻·斯托的兄弟）

第十四修正案真的获得了正式批准吗?

当第十四修正案第一次提交给前邦联的 11 个州讨论时,在 10 个州(例外是田纳西州)都没有获得批准,理由既有上面提到的,也有其他的。而对于激进的共和党人来说,这真的就是压死骆驼的最后一根稻草。因为在 1866 年国会选举中大获全胜而充满激情的激进派决定,南方各州应该受到惩罚。正如威斯康辛州参议员詹姆斯·杜立特所说:"南方人民拒绝了宪法修正案,因此,我们将会向他们进军,迫使他们在刀尖下通过修正案。"由军事州长和军法统治他们,"直到他们通过为止"。共和党人就是这样下定决心要通过胁迫来获得修正案的批准。

1867 年国会不顾约翰逊总统的否决票,通过了一系列重建法案。他们宣称,除了田纳西州,前邦联诸州不存在任何合法的政府,10 个桀骜不驯的州将会被划分成 5 个军事区,由军事州长和军法统治。要是这些州想要恢复他们在联邦中的地位并重新在国会中获得代表权,他们就得按照以下要求做:

- 选举各州制宪大会的代表,起草新的州宪法。
- 在这些新宪法中承认废除奴隶制、宣布退出联邦的不合法性,并引入黑人的投票权。
- 正式批准第十四修正案。

总统谴责了重建立法会。根据约翰逊的说法,它"不论从特点、范围和目标上都不曾有过先例,而且不具备威信。该立法会的举动与宪法最基本的那些规定有显而易见的矛盾,对于我们大西洋两岸的先祖们曾经为之抛洒过那么多热血、耗费过那么多财富的伟大自由和人道原则是极大的摧毁"。约翰逊论述道，激进派的重建表现出对法律和先例如此的蔑视，正印证了南方那些退出联邦分子退出时的理由：在1860年选举获胜的执政党统治下，他们由宪法给予的自由得不到保障。他说：

> 那些提倡退出联邦的人在他们自己的论证中曾表示，我们毫不尊重法律，财产权、生命权和自由权在我们的统治之下无法得到宪法保障。如果我们现在证明了他们的断言，那么我们就会证明他们是真的在为自己的自由而战，我们不仅没法将他们的领袖定义为反对正当合法政府的叛徒，还会将他们的历史地位提升到自我牺牲的爱国者之列，让他们变成圣人受全世界的敬慕，令他们成为与华盛顿、汉普登和西德尼并肩的伟人。

在约翰逊第三个致全联邦的年度讲话中，他甚至论证说，激进派的政策毁掉了国父们建立的这个联邦：

> 我不得不直率地宣布，在这一时刻，我们的国父们所理解的、他们希望我们所能理解的那个联邦已经不复存在。他们建立的联邦只有所有州都在参、众两院中有代表时才可能存在，只有在每一个州都和其他州一样能够自由地根据各州的意愿规定内部事务时才可能存在，只有在中央政府的各项法律都被严格地限制在涉及全国的司法范围内，并对每一个地区的人民都具有平等效力时才可能存在。

共和党的策略不仅违宪，而且自相矛盾。1865年，国会接受了南方诸州正式批准废除奴隶制的宪法第十三修正案。但到了1867年，南方各州过渡期的状态并没有改变，而在他们胆敢否决第十四修正案时，却被国会宣布成了不合法。简单的前后一致原则要求国会要么同时接受南方各州的这两个决定（亦即正式批准第十三修正案的决定和否决第十四修正案的决定），要么同时否决它们。然而，前后一致可不是重建时期引人瞩目的美德。

再说了，有明显的证据说明，第十四修正案的通过是不合法的：一方面，国会宣布11个前邦联州中的10个没有合法的政府，因此没有资格获得代表权；另一方面，国会又要求这些没有资格获得各州特权（包括派遣代表和国会议员去华盛顿之权利）的州正式批准一项宪法修正案，以维持它们在联邦中的应有地位。如果某个州真的缺乏合法政府，它的确就会被禁止享有在美国国会中的代表权——但是，从逻辑上讲，它也会被排除在修正宪法的过程之外。

南方各州最终还是正式批准了第十四修正案，但批准的过程中却遍布不合规则的情况。田纳西州虽然一开始就已经批准了修正案并因此避免了激进的重建，然而反对者拒绝出席投票，这样就无法达到法定人数，批准也就不可能了。为了克服这一困难，支持修正案的人们抓了两个田纳西立法者，在投票过程中将他们拘禁在前厅里。议长正式宣布这两个人缺席（他们拒绝回应点名）的尝试以失败告终，而支持修正案的投票还是继续了下去。

然后是俄勒冈州不合规矩的行为。在那里，对修正案的投票发生在立法会中共和党的两个席位因为法律原因遭受质疑的同一时间。这两个共和党人为修正案的通过提供了微小的优势。然而在同一场会议中，他们俩却最终被从立法会中赶了出去。因为会议裁决他们的获选不合法，他们的席位转由民主党获得。立法会投票决定撤销其对修正案的正式批准，这并不令人意外，然而这一撤销未获许可，俄勒冈州最终被算作批准了修正案。

并不只有俄勒冈州一个州决定撤销，新泽西州也一样。当该州观察了激进共和党的行为之后，便决定改变主意。新泽西州的决议警告说，修正案一直对于"促成对人民的生命、自由和财产的侵犯之目的含糊其辞"。新泽西州撤销的尝试也未获许可。

在正式批准第十四修正案问题上其他的各类程序不规范之处不胜枚举，不过重点是很清楚的，就像美国国家人文基金会的杰弗逊讲座教授福利斯特·麦克唐纳在他对这一问题的研究中所说的："（第）十四修正案从来没有通过过合乎宪法的批准程序。"

多亏了加州相对较高的福利性支出，金星之州吸引了大量想要领取福利的人。这导致了该州经济持续性的严重困难。为了缓解这样的压力，加州采取了一项措施，第一年来到加州居住的居民所能获得的福利仅限于他们出生州的相应数额，在（1999年）撒恩斯诉罗伊一案中，最高法院却——震惊——判决加州的规定违反了第十四修正案。这次援引的是"特权或豁免"条款。显然，当加州对居民第一年定居于该州时能获得的福利数额进行限制时，它违反了"自由旅行的权利"。通过迫使加州增加对新居民的福利性支出，法院事实上在没有获得加州人许可的情况下提高了他们要交的税额（哪儿是不是有个什么决议要抗议这个说法的）。

第一次弹劾总统

1867年，国会通过了《总统任期法》并再一次推翻了总统的否决决议。这一法案禁止总统在没有得到参议院同意时开除任何公职人员，其中包括内阁成员。很明显法案针对的是当时的作战部长艾德文·斯坦顿，他曾是林肯总统的内阁成员，后继续留任，这时正处在被约翰逊开除的危险中。斯坦顿是激进共和党人，为他的激进派盟友们在白宫做内应，他甚至利用了作战部的电报线去审查总统收到和发出的信息。因此，《总统任期法》是激进派的漂亮一击：如果约翰逊遵守这个法案，斯坦顿就安全了，如果总统反抗，就可以弹劾他。

约翰逊最后还是开除了斯坦顿。这看起来可能有点愚蠢，他难道没看出来激进派设了圈套正想让他这么做，好制造理由去弹劾他吗？然而约翰逊非常确信当最高法院审查这一法案是否符合宪法时，法院会为他辩护。1789年6月在一场关于此问题的国会辩论中，詹姆斯·麦迪逊就曾经论述过，开除内阁成员的权力应该属于总统独有，国会试图干涉这一权力的行为是违宪的。多年以后，最高法院终于还是为约翰逊辩护了，首席大法官威廉·霍华德·塔夫特在"迈尔斯诉美国联邦政府（1926）"一案中宣判"1867年《总统任期法》不合法，因为它试图阻止总统开除行政官员，而那些行政官员本来就是在参议院的建议和同意之下由总统指派的"。这样的裁决来得太迟了。

激进派相信他们有理由因为约翰逊违背了《总统任期法》这一在合宪法性上存疑的法案而弹劾他。虽然他们在1867年时已经强大到不断地推翻约翰逊总统的否决,却仍对他恨之入骨,再说了,他们还担心约翰逊作为负有推行法律这一责任的行政分支首脑,会在推行自己并不支持的重建时期法令时马虎松懈。他们马上就在众议院弹劾了他,但要求他下台的投票离所要求的2/3票数差了一票。但这一过程和成为美国历史上第一个被弹劾总统的耻辱都严重地削弱了约翰逊的势力。

正如法律学者吉恩·西利所指出的,"美国政府诉扬克斯市(1986)"一案更深刻地体现出第十四修正案能够走向何处:列奥纳多·桑德法官宣判,纽约州扬克斯城在住宅和教育方面"歧视"罪名成立,并侵犯立法权,判定该市修建几百套公共住房。他还用罚款防止该市不服从判决,数额能让扬克斯市在3周左右就破产。

美国人支持激进共和党吗?

有些读者可能会好奇美国人到底支不支持这样的激进主义,毕竟,是他们拱手将1886年中期选举的重大胜利送给了激进派。霍华德·比勒在他那关于选举的长达400页的研究中写道,这样的结论是不合理的。比勒解释说,在1866年的议会选举中,很多问题都与利益息息相关。

对于北方人来说,最关键的问题在于经济。很多北方人都曾从高关税中获利,因此并不乐意让那些支持低税收的南方代表重返国会。前纽约州长霍拉肖·西摩尔就宣称:"正是关税和税收,而不是黑人问题,一直在分裂我们的国家……召集纽约州的人民是为了排挤那些南方人,因为如果他们进入国会,他们就会投票维持(亦即延误或阻挠)我们的伟大的事业。"

同样地，激进派一直在散播这种说法：如果人们允许约翰逊仁慈的重建计划推行，那些不忠的南方国会议员就会投票否认联邦债务——让美国国债持有者们手中的国债变成一堆毫无价值的废纸——甚至还会投票承认邦联的债务。即便事实是这种情况几乎不可能发生，也没有阻止激进派利用它来吓唬选民。比勒通过对 1866 年国会选举研究，得出的结论是："激进派通过规避某些议题，并在选举中灵活运用宣传机器，最终将他们的计划强加到南方人的头上。选民如果有机会坦率地表达自己对诸议题的偏好，他们中的大部分人本来是会支持约翰逊的政策的。"简而言之，战后重建的状况与过去几十年来历史学家所塑造的景象相去甚远。在那种景象中，是漫画式的善良高贵的北方人对抗邪恶的不思悔改的南方人。它既没有这种大而化之的理解所描述得那么直截了当，也没有那么善恶分明。1877 年，军队退出了所有的南方各州，重建时期到此结束。然而，这一时期联邦高于诸州权威的遗产却被继承了下去，并在 20 世纪结出了累累果实。

第八章　美国大企业的贡献

历史教科书很爱强调那些邪恶的美国商人如何"剥削"工人,如何占公众的便宜,并大权在握。与此同时,政府官员则被塑造成为仁慈、自我牺牲的正义之士,若不是他们,美国人民就会每周工作80小时,以高得离谱的价格购买粗制滥造的货品。这就是每个学生高中毕业(或就这件事而言,甚至大学毕业)时都坚信的说法。但很难去责怪他们,因为他们日复一日、年复一年所学到的就是这样的内容。

我们可以猜测一下为什么中学老师和教科书的作者会如此积极地描述这么一幅美国历史的画面,路德维希·冯·米塞斯就在他的小书《反资本主义心态》中提出了许多可能的原因。但不论这种说法重复了多少遍,也不论有多少在其他方面都很讲理的人对此执迷不悟,这一出道德剧都与事实完全不相符。

与此同时,我们也应该小心不要把商人浪漫化,他们是有道德缺陷。因为时不时地就有大企业与政府培养出亲密关系,助其一臂之力去占公众的便宜。这样的安排令人愤慨,这是肯定的,但这只论证了一个问题:只有有了政府的帮助——以财政补贴、限制潜在对手之类的形式——商人才能够在任何可能的层面上"剥削"公众。正因如此，波顿·福尔瑟姆教授才会在他对一些美国商业巨头们的研究中作出区分：一种他称为"市场企业家"，他们因为提高了人们的生活水平，为人们提供了比对手更便宜的货品而致富；另一种是"政治企业家"，他们全靠政府特许的各种基金积累财富。

> **你知道吗？**
>
> 1. "掠夺性定价"剥削了美国消费者，并创造出商业垄断公司的说法，完全就是个神话而已。
> 2. 多亏了政府的补贴，美国许多铁路线路的铺设都效率低下且绕弯路。
> 3. 洛克菲勒、卡内基、赫伯特·道和其他伟大的美国商人为美国作出的贡献比所有大政府项目的总和还多。

政府如何在铁路建设中鼓励浪费和腐败

19世纪下半叶，横跨大陆的铁路就是典型的依靠联邦、各州和当地政府大量资金援助修建的。这种援助采取两种形式：贷款和政府拨赠土地。铁路再把土地卖给定居者以换取现金。在这个过程中，他们还创造出一个由他们提供服务的市场。那些生活在铁路沿线的人现在的生计都要依赖于铁路的成功，通常因为他们需要用铁路运输他们的货物。

《1862年太平洋铁路法案》要求联合太平洋铁路公司（UP）和

太平洋中央铁路公司铺设铁轨，前一条从奥马哈向西，后一条由萨克拉门托往东，两条铁路最终将交汇。

这一工程的麻烦可不少。政府补贴引发了非正当的激励效应，而这一切都被福尔瑟姆教授记录了下来。既然铁路公司所获得的土地和贷款是与他们所铺的铁轨数量成正比，那么管理层便要尽可能快地铺设铁轨，这样才能最大限度地获得联邦援助。但对于铁路公司所铺设铁轨的质量却少有人强调，铁路公司也不关注如何选择最短的铺设路线，而如果没有这些政府救济的存在，他们一定会关注这些问题的。相反，迂回绕路的线路就意味着需要铺设更多铁轨，也就意味着能获得更多联邦援助。另外，既然在山区修建铁路能够获得更多低息贷款，铁路公司便更有理由将铁轨铺在若自己掏钱便会觉得不那么合适的地方了。

1869年，当两条铁轨在犹他州逐渐接近时，更严重的问题出现了。看到政府补贴即将结束，铁路公司将两条铁轨平行修建而不是合二为一，两条线路都基于平行的铁轨继续申请补贴。更糟糕的是，当联合太平洋以爱尔兰人为主体的工人与太平洋中央公司以中国人为主体的工人冲突起来时，导致了真正的伤害甚至是死亡。1869年5月10日，两条铁路线终于交汇，各种庆祝仪式掩盖了政府基金不经意间促成的劣质工艺，直到几年之后，所有必需的维修和重设线路才完成。

回顾这一建造过程，联合太平洋铁路公司的首席工程师格伦威尔·道奇评论道："我从来没有见过建造铁路时有这么多不必要的浪费。我们自己的建造部门一直效率十分低下。"

分给铁路公司的用地总量几乎令人不可置信：24.2万平方英

里（约合 626 777 平方千米），或者说比德国国土还大的土地。"铁路公司，"保罗·约翰逊写道，"得到了明尼苏达和华盛顿州 1/4 的土地，威斯康辛、爱荷华、堪萨斯、北达科他和蒙大拿州 1/5 的土地，内布拉斯加州 1/7 的土地，加利福尼亚州 1/8 的土地，以及路易斯安那州 1/9 的土地。"

有人没靠政府的免费馈赠就成功吗？

很多人都设想如果没有政府的慷慨解囊，这些铁路是不可能建成的。但这个设想并不正确。首先，整个英国铁路系统都是私人出资所建。其次，美国历史上的北方铁路就提供了一个极好的例证，一位无需任何政府帮助就成功的商人：铁路巨头詹姆斯·J. 希尔。

希尔是北方铁路背后的天才企业家。北方铁路一直从圣保罗延伸到西雅图——这是亨利·维拉德在联邦政府的帮助之下带领他的北太平洋公司遭遇失败的同一个市场。希尔的背景非常平凡，他最终和一群朋友一起购买了这条破产的铁路。

希尔却成功了。当 1893 年经济下滑时，大部分横跨大陆的铁路线都破产了，希尔却不仅降低了运价还赚到了不小的收益。他还继续建造了蒸汽船把美国产品运到亚洲各大市场。起先，这么做获得了巨大成功，直到迎面撞上了愚蠢而毁灭性的《1906 年赫本法案》，这一法案调控铁路运价，并让州际商务委员会获得了权力。

一个诚实的生意人怎么说

政府不应该为（铁路）公司提供资金，再加上他们获得的巨额土地补贴，让他们运作生意，与那些完全没有从公众

> 财政中获得援助的企业竞争……我们自己的北方铁路线……建造时没有获得任何政府援助,甚至穿越数百英里国有土地的路权都是我们用现金买来的。
>
> ——北方铁路公司的詹姆斯·J. 希尔

"公平"是如何削弱美国农民的

美国的教科书一致对《赫本法案》赞誉有加,偶尔的批评往往是说它走得还不够远。除了其他内容,这条法令还强制执行了一项年代更久远的措施,即铁路公司对所有的运输者都必须运费相同。没问题,不是吗?"这才公平!"你的高中老师如是说。

至少还有这么一个问题。为了帮助棉花和小麦这样的美国农产品打开中国和日本的市场,希尔一直为通过北方铁路运输、准备出口到亚洲的货物提供折扣。

根据《赫本法案》,希尔只能要么给所有的运输者都提供同样的运费折扣,要么就谁都不给折扣。既然从经济上说,不可能向所有人都提供折扣,他只能被迫停止了所有折扣。导致的结果是,在法案通过之后,美国出口日本和中国的商品显著减少。因此,以帮助平民的名义对铁路运费的规范,最终却急剧地削弱了美国农产品在亚洲的销售——这可不是什么帮助美国农民的政策。这才是历史教材要谈及政府官僚的"智慧"时应该提起的失败案例。

"掠夺性定价"的神话

人们说,大企业发财致富、剥削消费者的一种途径是通过"掠夺性定价"。根据这种说法，大企业可以利用自己的经济影响力，通过提供价格异常低廉的货品消灭竞争敌手。他们可以承受为将对手击垮所付出的经济代价。一旦竞争对手被消灭，他们就可以再次提高商品价格，收割由垄断所带来的利润。

但是你们的高中老师没有提到的是，目前存在的大量资料却反驳了所谓的"掠夺性定价"问题。芝加哥大学的经济学家乔治·斯蒂格勒甚至宣称："今天，如果在专业领域中还有人持这样的论点，那就太丢人了。"掠夺性定价模型的问题之一就是，似乎不可能找到确实的例子。反垄断学者多米尼克·阿尔门塔诺回溯了20世纪最重要的一些反垄断案例，却找不到一个实例。大商店提供低廉价格的例子并不少见，但人们假定一旦完全占据整个市场大企业便会抬高价格并由此获得巨额的利润，这看起来却仅仅只是传说（读者要是对"掠夺性定价"的经济学驳论有兴趣，请参考莱斯曼的《资本主义》和多米尼克·阿尔门塔诺的著作）。

托马斯·狄罗伦佐就已经论证过，这一"神话"自从1890年《谢尔曼反垄断法》通过后就已经开始流传。这一法案的通过就是为了阻止"反竞争行为"并保护消费者不受"掠夺性"公司和商业策略之苦。在《国际法学经济学评论》杂志上，狄罗伦佐向我们展示了19世纪晚期被人谴责最为频繁的拥有"垄断性"地位的工业——他调查了其中17种——都并没有像垄断企业那样行事。根据标准定义，一个垄断公司通过限制出产量、提高价格而收割经济收益。但这些据称有"垄断巨头"问题的行业既没有限制产量，也没有提高价格。例如，在19世纪80年代，"垄断性"行业的产量增长速度比整体经济增速快了7倍，同时这些行业的价格也有整体下降——比整体经济 7% 的衰退速度还快。

"掠夺性定价"的后果
1880—1890 年商品价格

钢铁	↓ 58%
锌	↓ 20%
蔗糖	↓ 22%

虽然约翰·D. 洛克菲勒的标准石油公司，直至今日都时不时会被人谴责说参与了掠夺性定价，诚实的学者却在约翰·W. 麦基1958 年发表在《法学和经济学杂志》上的经典论文之后再未作出这样的指责。麦基展示了洛克菲勒获得他地位的方式，他是通过竞争对手们自愿与他的公司达成合并或并购交易而实现的，并非通过掠夺性价格。有些人会说，这些对手是被恫吓之后不得不接受洛克菲勒的低价求购。与之正好相反，标准石油公司通常都会雇用他们收购各公司的经理和老板，甚至会让他们成为股东。要是那些经理和公司老板的待遇真的很差，他们可就不是合适的雇员了。"要是前竞争对手变成受害者，"麦基写道，"可预期的结果是公司里有很多可怜的雇员和意见不同或心怀不满的股东。"

麦基还提供了那些建立化工厂、卖给标准石油公司并以此过上好日子的例证。在大多数情况下，相互竞争的公司都在接触洛克菲勒要求他并购自己的公司。因为知道他的油价比自己的低，他们选择被并购而不是完全被赶出这一领域（正如另一位学者所解释的："批评者也谴责洛克菲勒通过卖价低于成本的方式进行不公平竞争，但他并没有以低于自己成本的价格卖油，只是他可提供的定价低于大部分竞争者的成本而已")。

标准石油公司通常在初高中的教材中被痛斥谴责，实际上却是美国人聪明才智和高效率的出色例证，并为数量庞大的顾客们提供了不容忽略的好处。直到 19 世纪 50 年代之前，原油对于农场主来说除了是个大麻烦就啥都不是，因为他们发现原油从他们的田间渗透出来。但当耶鲁大学化学家本雅明·斯黎曼在 1855 年发现原油可以提炼成煤油——一种比当时大范围使用的鲸油更好也更便宜的潜在照明剂——时，唯一的问题就只有，有没有可能收集足够多的煤油，令它变成可能的市场产品。当斯黎曼 1859 年通过钻油井的方式让质疑者闭嘴之后，这一毫无用处的物质突然收获了巨大的价值。

> 一本你未必读过的书
>
> 《橡胶大王们的神话：对于美国大企业崛起的一种新看法》[1]，伯顿·W. 福尔瑟姆二世著，赫恩顿出版社，弗吉尼亚，青年美国基金会，1991 年版。

"邪恶"的洛克菲勒

约翰·D. 洛克菲勒成功地在一家克利夫兰商店从搬货小工做到了合伙人。1859 年，当他 20 岁时，宾夕法尼亚州西北发现了原

---

[1] 此书的英文名为：The Myth of the Robber Barons: A New Look at the Rise of Big Business in America。

油,那里离克利夫兰并不远。洛克菲勒着迷于原油的各种潜力,然而,他看得更远,并未和其他人一样选择获得一两口油井。他非常确信炼油生意的机会更加巨大。1862 年他参股获得了克利夫兰一家炼油厂的合伙人资格。

洛克菲勒所做的比任何大政府项目都多

洛克菲勒致力于流水线生产和消除浪费。这样的做法让他和顾客都多有受益:他成功降低了煤油的价格,当他开始售卖时,它的价格是 1 美元 1 加仑,到了 19 世纪 80 年代,一加仑煤油的价格只有 10 美分。因为深受原油冶炼之后如何处理剩下的废油之扰,他最终从废油中制造出 300 种产品。多亏了洛克菲勒的高效率和低价格,数百万计之前不得不提前上床睡觉来省钱的美国人现在都可以买得起煤油点亮他们的家了。

在标准石油公司统治期间,石油价格一直在下降。当俄国在 1882 年进攻了世界上一些石油储藏量最丰富的土地时,他们蓄势待发要让美国的石油产品相形见绌。为了迎接竞争,洛克菲勒就得进一步降低他的成本。他做到了。

尽管洛克菲勒为美国消费者和企业(现在他们可以更加便宜地制造他们自己的产品)作出了这么重大的贡献,联邦政府却在西奥多·罗斯福总统任上提出要解散标准石油公司。但到了 1911 年,当联邦政府解散标准石油公司时,该公司的市场占有率已经因为正常的市场竞争降低到了 25%。即使是新左翼历史学家盖布利尔·柯尔克也注意到,从 1899 年开始,标准石油公司也"在对使用工业的控制力上进入了逐渐加剧的衰败,解体促进了衰败的加剧,但衰败肯定不是因为解体而引发的"。柯尔克解释说,标准石油公司的衰败"主要是自身的问题——归咎于其保守的管理和缺乏进取心"。这样，即使是标准石油公司也需要保持不断创新、动力十足，否则就会失去市场占有率。

安德鲁·卡内基和标准的美国生活方式

然后还有安德鲁·卡内基。他全家于1848年从苏格兰西北海岸的外赫布里底群岛来到美国。12岁时卡内基就已经开始在纺织工厂的工作。年轻时他换了几份不同的工作，成年后他就开始投资各种不同的生意和项目了。他最终确信钢铁行业拥有巨大的潜力，而1870年时，钢铁业才刚初创。

1875年，卡内基建立了他的第一家工厂。他是个组织天才，设计了有激励机制的公司结构，保证他的不同部门都能够为了公司的利益而精诚合作。那些做法直至今日都是 MBA 学生教科书上的阅读材料。和洛克菲勒一样，卡内基也是效率大师。他在匹兹堡的霍姆斯特德钢铁厂有4 000名工人，这家工厂的钢铁年产量达到了克虏伯钢铁厂年产量的3倍，而克虏伯钢铁厂拥有1.5万名工人，是欧洲当时最现代、最著名的工厂。

19世纪最后25年发生的钢铁价格下降在很大程度上要归功于卡内基的努力。而钢铁价格下降是对普通美国人的另一个伟大的收获。钢铁对于现代经济而言是绝对的根本基础，因此，其生产成本的巨大降低就非常有益。任何产品和生产过程只要涉及钢铁，现在都能降低成本，而这些降低的成本便转而被传导到消费者身上。

卡内基和洛克菲勒都是伟大的慈善家，两人加在一起捐献了将近10亿美元，并建立了各种不同的慈善、教育和文化基金会。他们都批判为了积累财富而积累财富的想法。

> **一个诚实生意人怎么说**
>
> 死时财富满身之人死得并不体面。
>
> ——安德鲁·卡内基

卡内基时代铁轨价格的下降（每吨）

1875 年	160 美元
1898 年	17 美元

赫伯特·道：被遗忘的美国英雄

即便洛克菲勒和卡内基为美国消费者带来了巨大的裨益，"掠夺性定价"的传说却很难消亡。伟大的化工制造者赫伯特·道的经历就是一个有用的反例，它向我们展示了试图通过掠夺性定价来统治一个行业的危险性和愚蠢性。

道是个特别聪明的化学家，他寻求通过更便宜的方式从盐水中提取溴水（溴水的用途包括药物镇静和胶片冲洗）。他获得了成功，两三次失利之后，他最终建立了道氏化学公司。进入这个行业之路并不简单，大家都知道他经常每天工作18个小时，甚至直接睡在工厂里。

"掠夺性定价"是这么进入我们视野的。道不仅想要为美国人提供溴水，还特别想扩张到欧洲市场上。但去欧洲他就得与一个统治着欧洲化学品市场的德国大集团竞争，这个集团曾威胁过要毁灭任何一个想要在欧洲与他们竞价的美国公司。德国集团为此发誓要用便宜的化工品充斥美国市场，将这个倒霉的不知天高地厚的对手打垮。道没理会他们的威胁，开始在英格兰售卖 36 美分一磅的溴水，那时德国集团的价格是 49 美分。

1904 年，道接待了一位怒气冲冲的德国集团代表，提醒他不要踏足欧洲。道不理睬这人要毁掉他事业的威胁，坚决不被吓唬住。当道继续在欧洲卖溴水时，德国人便试着落实威胁，开始以闻所未闻的 15 美分一磅价格在美国销售为数巨大的溴水。道极为聪明地采取措施，要求自己在纽约的代购商买了数十万磅该集团的便宜溴水，然后转身就把这些溴水又以每磅 27 美分的价格在欧洲市场上出售——这一价格是德国集团无法与之竞争的，因为如果他们不在欧洲市场上赚到钱，就没法弥补在美国低价倾销导致的亏空。

道成了最终的赢家，1908 年，德国集团因为再也无法承受损失——在某一段时间他们甚至把价格降低到了无法想象的 10.5 美分——只好承认失败。他们与道达成了协议：如果他不在德国市场上销售溴水，他们就不把自己的产品卖到美国——而世界的其他所有地方都可以自由竞争。道接受了德国人的挑战，向我们揭示了"掠夺性定价"其实毫无用处，还把溴水的价格永远地降低了。

> **媒体怎么说**
>
> 那个所谓的反垄断法之所以会通过，就是为了欺骗人民，为这个……与关税相关的法律的颁布扫清障碍。提出这一法案就是想让该党的喉舌能够对反对关税敲诈和保护性组合关税的

> 对手说:"看呀!我们已经向垄断企业开战了呀!共和党才是所有这一切的敌人。"
>
> ——《纽约时报》对约翰·谢尔曼议员起草《谢尔曼反垄断法》动机的理解

> 现实:政府——垄断的真正源泉
>
> 如果说在美国的镀金时代和进步时代真的存在垄断问题,那么最主要的肇事者其实是过高的保护性关税,正是它令大企业剥削美国消费者变得可能。但少有政客们想要直面这个问题,他们都很乐意通过支持高关税来获取大企业的青睐。《谢尔曼法案》让这些政客们有了挡箭牌,让他们号称自己是决不妥协的大企业之敌,同时却对关税问题袖手旁观。

应该废除反垄断法吗?

到了20世纪中叶,至少有一小部分的公众已经明显地意识到了反垄断法的荒谬和随意性。当谈及各项规定时,联邦贸易委员会的洛厄尔·梅森就曾宣称:"美国的企业在一个极其荒谬、随意拼凑的法律体系中不断被骚扰、被伤害,甚至是被棒打。而那些法律中很多条文都难以被理解,不能实施也不公平。有那么一大堆管理州际贸易的法令,就能让政府只要想控告你,就能找到理由。我得说,这个体系简直是暴行。"

最高法院大法官罗伯特·H.杰克逊在担任司法部反垄断局局长

时就曾评论说:"律师根本不可能判断出哪种公司行为将会被法院宣判为合法。这一状况对于希望能够遵守法律的生意人和试图执行法律的政府官员而言简直丢人。"长期担任美联储主席的阿兰·格林斯潘在40年前就毫不含糊地谴责了反垄断的相关立法:

> 在自由经济体制下,要想占据任何一个大行业超过50%的市场份额都需要非同一般的技能。它需要不同寻常的生产能力、绝不出错的商业判断,以及持续不断地努力完善自己的产品和技术。要是有哪个公司真的能够年复一年、数十年如一日地保住它的市场份额,那么它们也是通过提高生产效率而做到的——它们应该获得表彰,而非谴责。
>
> 如果把《谢尔曼法案》看作是19世纪的担忧和经济无知的表现,那还可能可以理解,但在如今的经济知识环境之下,它是绝对的荒唐透顶……这个国家整个反垄断法律架构都是一堆经济非理性和无知的产物。

尽管如此,势不可挡的反垄断立法却继续前行。它毁掉了泛美国际航空公司,阻止该公司获得国内航线,这样它就得不到那些所谓的为国际航线服务的航线终端集散业务。IBM因为占据了65%的市场而被骚扰了13年,到政府最终决定放弃对其起诉的时候,这个公司已经在竞争对手面前黯淡无光了。通用汽车公司自从1937年起还真的将以下这一条作为其公司政策:在接下来的20年里绝不获取超过45%的汽车市场份额,因为他们担心会被以反垄断的名义起诉。有些专家认为,它自我强加的这一限制能一部分地解释 19 世纪后半叶美国人是如何将那么多市场份额输给了德国人和日本人的。

因为最出色而受到惩罚：ALCOA 的案例

已经有很多书逐一列出了反垄断各项立法对经济造成的伤害，以及各种用于起诉美国各大企业的荒谬理由。在那些用反垄断法来起诉私人企业时所提供的最荒诞无稽的理论基础中，有一个就出现在起诉美国铝制品公司（ALCOA）的案子中，也就是美国政府诉美国铝制品公司一案（1945）。用最简单粗暴的定义，美国铝制品公司的确算得上是垄断企业——因为它是原铝的唯一供应商。但它不可能因为其垄断地位而随意为产品定价，因为不正常的高利润一定会吸引竞争者加入这一行，最终导致收益降低（与反垄断各类立法所暗示的正好相反，根本就没有什么严谨的方法能让局外人判断某一个特定行业应该最少需要多少个公司存在）。汉德法官在对美国铝制品公司作出裁决时如此宣布：

> 它（美国铝制品公司）总能预计到对铸块需求的增长并准备好提供足够的铸块，这一点是可以避免的。没有任何人逼着这家公司在其他人进入这一行业之前不断地令自己的产量翻番再翻番。它坚称自己从未排除过任何竞争者，但我们想不出任何比他们的做法更能有效地排除其他人。他们持续稳定地拥抱每一个新机遇，用已经融入伟大管理体系的新生产力面对每一个新竞争者，还有经验、贸易联系和精英人才的优势。

根据这一怪异的裁决，美国铝制品公司的邪恶就来源于它通过超凡的专业能力提供产品！阿兰·格林斯潘就曾经评论说，对美国铝制品公司的起诉揭示了反垄断法真正的祸害之处。不论它对财富和效率造成了何种毁灭，无论它引发了生活标准的何种下降，反垄断法最糟糕的一面是，它引发了"因为我们社会中一些成员因生产力高、效率高而备受谴责的效应"。

反垄断行为正如其批评者所说的那样毫无理性，也并不奇怪：一开始它就是一种工具——那些竞争力不那么强的公司请求政府惩罚那些他们在市场上竞争不过的对手的工具。一如既往地不出所料，典型的教科书套路就是用大企业可怕的"贪婪"来抹黑它们。然而，真正贪婪的实际上是另外那些公司，它们希望政府惩罚甚至解散那些高效的能为人们提供价格适宜的产品的公司，这样一来，会抱怨的小公司就能生存下来并制定更高的价格。最后还有一个不无讽刺的地方，就是我们竟然希望通过政府这个有史以来最具有垄断性的机构来保护我们不受"垄断"之苦。

另外一些你未必读过的书

《反垄断和垄断：一项失败政策解析》[1]，多米尼克·T. 阿尔门塔诺著，纽约：约翰·威利父子出版公司，1982年版。

《反垄断：废除的理由》（第二版）[2]，多米尼克·T. 阿尔门塔诺编，亚拉巴马州奥本市：米塞斯研究所，1999年版。

---

[1] 此书英文名为：Antitrust and Monopoly: Anatomy of a Policy Failure。
[2] 此书英文名为：Antitrust: The Case for Repeal, 2nd rev. ed。

第九章　第一次世界大战

第一次世界大战是世界历史上最恐怖、最残酷的冲突。然而，一战爆发之前的各种事件如此复杂难懂，直到今天，历史学家仍然在争论到底哪个国家才最应该承担战争爆发的责任。1915年时，主要的参战国如下：

协约国	同盟国
英国	德国
法国	奥匈帝国
俄国	保加利亚
意大利	奥斯曼帝国

战争一结束，美国的修正主义历史学家就已经开始挑战协约国在战争宣传中将战争爆发的责任完全归于德国的行为。哈利·埃尔默·巴恩斯（1889—1968）甚至论证说，在所有的交战国中，其实德国才是最不该被指责挑起了战争的国家。到了20世纪60年代早期，由于历史学家弗里茨·费舍尔的研究，德国重新成为归咎对象。但并不是所有的学者都相信费舍尔的看法，到了21世纪初，

历史学家尼尔·弗格森便在《战争之憾》一书中论证了真正要为地区冲突升级成世界大战负最大责任的国家是英国。

无论事实真相究竟如何，一切对于 1914 年时的美国人都毫无差别。没有什么美国利益陷入危险，美国的安全也一点都没有受到威胁。随着战争各方一步步被拖进毫无希望的泥淖，美国人庆幸自己蒙受主恩，自己的孩子们不用遭受欧洲男人们所遭受到的毫无意义的命运，数十万的士兵仅仅为了将前线推进几码便要在战场上流血牺牲。各种受伤就更无法言表了，例如，正是这一场战争将"无法适应者"的说法引入我们的词汇，它指的是四肢瘫痪的人。任何一个脑子正常一点的美国人都不会迫切地希望自己的国家也卷入这样的屠杀中。

伍德罗·威尔逊总统就曾敦促美国人在思想、语言和行动上都保持中立。然而，总统心里是偏向英国人的。威尔逊本人就曾在私下说过："英格兰正在为我们而战，你们也能够理解我在目前的世界状况下，不应该在她面前设置任何障碍……我不会做出任何令英格兰为难的行动，因为她正为自己和全世界的命运而战。"

德国对于比利时中立地位的违反主要是德军穿越了比利时国境前往法国。这一行为在协约国看来是残忍的暴行和军国主义横行霸道的标志，并提醒着世人将独裁政权从地球上抹去的必要性。德国违反了比利时的中立地位，这肯定是暴行，但绝不是人类历史上最残暴的行为。德国人对比利时人提出的要求和他们向卢森堡提出的一样，而后者毫无异议就接受了：德国人希望德国军队能够安全地通过，并同意对德国军队在路上造成的任何破坏和他们消耗的所有饮食作出补偿。

你知道吗？

1. 伍德罗·威尔逊得到广泛宣传的"理想主义"为第二次世界大战铺平了道路。

2. 德国人曾广而告之，警告潜在的旅客说他们会击沉"路西塔尼亚号"，但英国政府却向人们保证它安全无虞。

3. 杰出的美国评论家们谴责美国加入战争只是为了争取乘坐参战国船只穿越战争地带的权利。

一本你未必读过的书

《西线战场：第一次世界大战的战场和本国前线》[1]，亨特·托里著，纽约：麦克米兰出版社，2003年版。这是一本极为出色、审慎而明智、可读性强的第一次世界大战导读。

战争宣传？怎么可能！

协约国政府通过宣传所谓德国士兵对比利时平民犯下的各种滔天大罪，在美国赢得了一场重要的公共关系之战。被砍掉双手的孩子们，婴儿被刺刀挑起扔向另一把刺刀，修女们被侵犯，尸体被炼成人造黄油——这只是从被战争撕裂的欧洲传过来的部分恐怖传闻。然而，在现场的美国人却没法证实这些故事。跟着德军的美国

---

[1] 此书英文名为：The Western Front: Battle Ground and Home Front in the First World War。

记者坚称他们完全没有看到一丝一毫证据可以佐证这些传回美国的恐怖传闻。后来因为1925年的斯科普斯案而名声大噪的克拉伦斯·达罗律师，就曾经提出悬赏1 000美元（大概值2004年时的1.7万美元）给任何可以找到一个被德国士兵砍掉手的比利时男孩的人。没有一个人站出来（战后，人们公认在比利时发生的所谓恶行大多都是虚构的，然而，谎言已经造成了恶劣影响）。

虽然美国人仍然更倾向于不卷入这场战争，但许多人还是接受了协约国的宣传，认为德国是恶魔的化身，为了整个文明的存续理应粉碎德国。

饿死平民是违法的

与此同时，英国人却真的干下了一桩暴行：故意试图通过海上封锁饿死德国人。英国对德国的饥饿封锁违背了公认的19世纪和20世纪几项关键国际协议中体现出的国际法准则。

虽然所谓的近距离封锁——某一交战国通过将舰队停靠在距港口3英里线内来阻断敌军港口的航行——被认为是合法的，英国所采取的那种远距离封锁却并不合法。在远距离封锁中，交战一方就这么宣布海上的整个区域都不可通行。这一次的情况是，英国人将整个北海都布满了水雷，所以就连中立的船只航行都会有危险。所以，虽然交战双方都有权利登船搜查那些将货物送去敌国的船只，英国的水雷却会毫无差别地毁掉任何触雷的船只。"通过将水雷放在公海上，"历史学家约翰·库根解释说，"英国故意将交战国在北海的航行和搜索权利替换成了一项新规则：爆炸和沉没。"

另外，给平民的食物对任何交战国而言都不是禁运品——除了英国。但参考国际社会对英国这些行为相对温和的反应，英国政府得出结论："那些中立国家似乎口头上抗议一下就满足了。"正是本着同样的想法，德国也指望自己的潜艇政策会一样被国际社会接受——但至少在威尔逊总统那儿，他们要大吃一惊了。

> **我们的盟友怎么说**
>
> 封锁是为了"通过饿死一个国家的人——不论男女老幼、不论受伤还是安好——来逼着他们屈服。"
>
> ——时任海军大臣温斯顿·丘吉尔

德国人的反击

1915年2月4日，德国政府宣布要报复英国不合法的封锁：

> 我们就此宣布，所有大不列颠和北爱尔兰地区周围的海域，包括整个英吉利海峡，都成为战区。自2月18日起，在此战区内发现的所有敌国商船都会被摧毁，我方不保证船员和乘客的安全。
>
> 战区内的中立国船只也会暴露在危险之下，因为英国政府在1月31日下令滥用中立国国旗，而海战有可能导致无法预期的意外事件，我们无法避免错将中立船只当作敌国船只攻击的情况。

上文提到的"滥用中立国国旗"指的是英国时不时地会将本国

的船只挂上中立国的国旗以保护它们不受攻击。1915年年初，丘吉尔就鼓励这样做，船员们被敦促要穿上平民服装以引诱德国潜艇浮上水面——这样就能摧毁它们了。正因如此，再加上战争时期总是存在的危险，就连中立船只也都不能保证自身航行在战区内的安全。因此，英国和报复英国的德国都侵犯了中立国家的权利。

威尔逊对德国潜艇战的反应

伍德罗·威尔逊拒绝承认德国警告要开展潜艇战与英国饥饿封锁德国行为之间的联系。他总是对英国给予同情。当英国违反国际法时，美国最多只是象征性地惩罚一下而已。当时的美国政府是那么偏袒英国，有一次驻英国的美国大使沃尔特·海因斯·佩杰给英国官员们念了一封美国电报，然后竟然坐下来帮助他们撰写一封给自己政府的回电！然而，德国在公海上的错误行径却得到了华盛顿迅捷的谴责。德国一宣布其潜艇战的政策，威尔逊便回应说，任何美国船只或美国人在公海上有所损失，德国政府都该负全责。

1915年3月29日，当英国蒸汽船法拉巴号被德国人击沉时，潜艇战的现实变得再确凿不过了。根据英国的宣传，德国潜艇舰长未经警告就开火，杀了110多人，其中包括一个美国人。后来人们发现德国的舰长曾经给过法拉巴号3次警告，并且直到一艘英国战船出现时才开火。同时，法拉巴号本身就携带了13吨军火，这才导致更大的灾难。尽管如此，威尔逊仍然向德国政府发函宣布自己的政策，说美国有责任保护乘坐交战国船只的美国公民的安全。

威尔逊的双重标准

威尔逊对英国和德国的双重标准在美国参战中扮演了重要角色。哥伦比亚大学的约翰·巴塞特·摩尔是一位享有盛名的国际法专家，战后他在国际法庭做律师。他就曾论证说："对于美国卷入战争最具决定性的是主张保护任何美国公民乘坐交战国船只的权利，以及将全副武装的交战国商船视作和平船只的做法。这两种假设都毫无道理，其他任何宣布中立的国家都没有这些原则。"还有两位学者也认为："威尔逊总统一直拒绝认识到英国的违反规定和德国的潜艇战之间的直接联系大概才是美国被卷入战争的症结所在。"威尔逊的立场"显然是不可持续的，因为中立国的责任就是保持天平的平衡，不偏袒任何一方"。

显而易见，将美国也卷入战争是英国的重要目标之一。根据丘吉尔的说法："最重要的是，要吸引中立国的船运到我们的海岸边，我们特别希望这样能让美国与德国产生摩擦……如果有些摩擦变成大麻烦，那就更好了。"丘吉尔后来还写道，在战争中他所观察到的策略就是为了让海面的攻击变得对德国潜艇更加危险。"潜入海中的潜艇，"他解释道，"只能依赖于增加水下攻击，这样会更有可能将中立国误认为是英国船只并淹死中立国的船员，这样就能让德国与其他的大国产生摩擦。"既然那时其他的所有大国都已经参战了，丘吉尔所指代的大国只能是美国。

路西塔尼亚号的沉没

虽然 1915 年 5 月路西塔尼亚号的沉没并没有将美国立即卷入战争，从美国的角度来看，这一事件还是美国参战之前发生的最具戏剧性的事件之一。这艘英国邮轮大概是世界上最著名的船只。德国政府在主要的报纸上都刊登过警告，警告人们不要订购路西塔尼亚号的船票。在邮轮即将起航的当天早上，德国驻美大使约翰·冯·伯恩斯托尔福也发布了一项警告说，英国船只"有被击沉的危险"，并提醒那些"乘坐大不列颠及其盟国船只"穿越战区的旅行者们"自行负责"。

大部分乘客都无视了这些警告。对他们而言，无法想象路西塔尼亚号这样航行速度的船只能够有什么危险，而那些询问可能风险的乘客也被告知不用担心，该邮轮将会由海军船队护送通过战区。乘客们于是将自己的性命交给了可靠的皇家海军，信心十足地踏上了航程。

不论是皇家海军还是丘纳德轮船公司（路西塔尼亚号所属的公司）都似乎几乎没有考虑过潜艇攻击，他们的假设是，即便船只遭受了攻击，也有足够的时间和机会进行人员撤离。不管怎么说，那可是一艘非常结实的船。泰坦尼克号就在遭受了严重损毁后漂浮了两个半小时。然而，击中路西塔尼亚号的鱼雷却造成了意料之外的严重损毁，直至今日，为什么这艘船那么快沉没仍然成谜，有些人将之归咎于船上所载的军火。

在发射了第一枚鱼雷之后，德国潜艇舰长沃尔特·施维格忍住了没有发射第二枚鱼雷。当然，他并不相信一枚鱼雷就能够毁掉那艘船。他很可能是等着人们弃船而逃，然后再发射第二枚鱼雷。但通过潜望镜他看到，中弹后仅仅15分钟，船就陷入了极大危险。"看来那艘船只能漂浮一小会儿了。"他说道。他不忍心继续目睹那一场景，便离开了自己的潜望镜。"我绝不可能再朝着这些想要自救的人发射第二枚鱼雷。"

船上的1 959名乘客中，大约有1 195人丧生，包括船上159名美国人中的124人。没有必要洗白德国人对路西塔尼亚号的攻击,但与此同时,也很难不谴责英国政府和丘纳德轮船公司的极度鲁莽。就如一位历史学家准确表述的那样:"在英国政府的批准之下,丘纳德轮船公司向人们卖船票准备穿行已经被宣布为战区的区域,而一个展示过其能力和决心要说到做到的大国已经提醒过这些船有可能被击沉。"

美国人的"强烈"反应

美国人对这一事件的强烈反应——主要是在政客之间和新闻里——很值得一瞧。然而,当我们更仔细地研究报纸社论时会发现,原来几乎没有人真的说要用参战来对这场悲剧作出回应。威尔逊自己就选择避免开战,不过他希望能起草一篇严厉的外交照会给柏林,警告德国人,如果这样的潜艇战继续下去的话,可能导致严重的后果。

国务卿威廉·詹宁斯·布莱恩担心如此严厉的信息可能造成的后果。在整个威尔逊内阁中,布莱恩基本上是孤军作战以维持交战双方的平衡。他提醒威尔逊有一项调查发现邮轮上载有5 000箱军火,他还指出有一项协议本可用结束饥饿封锁来换取潜艇战结束,德国同意了,却被英国拒绝了。他直言不讳地指出了威尔逊的双重标准:"为什么他要为几个人淹死那么震惊,却一点也不反对饿死整个国家的人?"

但并没有什么用,5月底,威尔逊又向柏林发了另一封照会。之前的照会中谈到的是美国人乘坐"不携带武器"商船旅行的权利,现在威尔逊将"不携带武器"改为"不抵抗"。现在,美国人有权利乘坐一艘交战国武装船只并指望其能免于受到攻击。将拉斐·莱科教授难忘的公式换个说法,也就是威尔逊相信每个美国人在战争期间，有权利乘坐武装的、运输战争军火的交战国商船穿越已经被宣布为潜艇区域的海域。没有任何其他的中立国家曾经宣布这样的说法，更不用说因此而参战了。

在1904—1905年的日俄战争中，英国政府的政策是，穿越战区的英国公民安全责任自负，如果任何一个英国公民因为自己的鲁莽行为而被害，英国政府是不会因此而卷入战争的。这一立场合情合理，也是威尔逊在墨西哥内战时所持的立场。然而现在，根据布莱恩的判断，威尔逊已经变得完全不讲道理了。布莱恩确信现政权下定决心要参战，便辞职了。

接任布莱恩的是罗伯特·兰辛，对于表面上保持中立的威尔逊在实践中支持英国的立场，兰辛比前任要支持得多。在他的回忆录中，他对英国的封锁、德国的潜艇战和美国政策的相关问题直言不讳得令人吃惊。在路西塔尼亚号沉没之后，他解释说，英国"继续其加强封锁的策略，关闭了每一条可能将物品运到德国的通道"。

当美国政府发照会抗议英国政府不断侵犯美国的中立权利时，英国人非常清楚他们根本就无需满足美国人的要求。"在与英国政府的交涉中，"兰辛写道，"我心中一直记得，我们最终将会成为大不列颠的盟友。因此，绝不能够让我们的争议激化，直至外交沟通不得不让位于行动的程度。"一旦美国真的变成英国的同盟，"我们就应该会希望采取那些英国所采取的政策和行为"以达到"通过经济孤立的方式摧毁德国人士气的目的，这种经济孤立会让他们缺乏生存的必需品"。

兰辛还承认，所有美国政府发给英国的抗议照会实质上都毫无用处。"所有一切都被烦冗的辞藻淹没，我们就是故意要这么做。

这样才能确保争议的存在和问题的搁置。这一切是必要的，只有这样才能让这个国家在参战时能够自由行事，甚至违反法律。"

美国政府官员对威尔逊的抗议

路西塔尼亚号灾难之后又过了几个月，威尔逊继续保持着对德国政府的外交施压，直到一些国会议员和其他有过接触的美国人开始警觉。华盛顿州的卫斯理·琼斯参议员恳求总统："要小心，要缓慢行事，不要提出任何严苛或专断的要求，一定要记住本土9 990万公民的权利而不是那1 000个鲁莽、不体谅别人、不爱国、坚持要乘坐交战国船只的人。"威斯康辛州参议员罗伯特·拉福莱特也在对比了威尔逊关于美国人航行通过欧洲交战区的政策后，赞美了总统的墨西哥政策的智慧。他说，总统警告美国人若坚持去墨西哥旅行，就必须自负其责的政策"是少数人的小牺牲换来整个国家的和平。而要我们的公民不乘坐交战国的武装船只旅行，这是比前者小得多的牺牲啊"。

一个美国政治家怎么说

为什么仅仅因为有些美国人想要搭乘一艘能给他独立卫浴的船穿越战区，就要我们参加如此规模的大战呢？

——詹姆斯·杰拉德，美国驻德国大使

苏塞克斯承诺

在路西塔尼亚号灾难之后，德国政府已经私下决定放弃向载客邮船开火的行为。但1916年3月，一艘德国潜艇违反规定，未经警告就向法国蒸汽船苏塞克斯号开火，杀害了 80 多人，船上的 25 个美国人中有 4 人受伤。那艘船上并没有通常载客船只的标志，整艘船被涂成了黑色，它的舰桥看上去像是战船的舰桥。当德国舰长发现它的行驶路线不在英国海军部为载客船只设定的航线以内，便怀疑这是一艘布雷艇，并朝着目标发射了一枚鱼雷。

德国人犯了错误，也肯定要为这场灾难赔偿。然而威尔逊却借此机会向德国发出了最后通牒，要求德国必须完全放弃潜艇战，否则美国就将断绝与德国的外交关系。最后的结果就是 1916 年 5 月的苏塞克斯承诺，在承诺中德国政府对威尔逊作出了巨大让步。虽然德国人不会彻底放弃潜艇战，但不论商船是否有武装，德国人都将不会不经警告便击沉商船，并还会对船上乘客施以援救，除非所提及的船只开火或试图逃跑。这是一个巨大的让步，因为实际上德国人赋予了敌军商船首先开火的机会。

不过这个承诺还是有条件的。德国政府期望威尔逊能够向英国政府施压放弃饥饿封锁的政策，让食物运输到德国境内。如果美国政府不能与英国政府达成这样的妥协，德国政府便有完全的行事自由。毫不惊讶地，威尔逊接受了德国人的让步，却拒绝了他们的条件。既然美国的中立权利是绝对且不可转让的，就该不管另一个参战国怎么干，美国都能享有这些权利。正因如此，威尔逊感到可以自由地继续自己的政策——他仍然坚称这一政策是"中立"的——逼着参战一方必须为其违反国际法负全部责任，却对另一方的违法行动几乎毫无作为。

不可能的要求

英国商船不断地被武装起来并准备好对德国潜艇实施攻击，这一事实将美国置于尴尬境地。很早的时候，英国船长们就曾收到过海军部的警告，如果他们不反抗就将船只交给敌国，就会被起诉。对于那些以脆弱著称的潜艇，商船只要可能就要去撞它们或开火攻击。再加上既然丘吉尔曾经说过，英国人攻击德国潜艇后的幸存者应该被当作重犯而不是战俘来对待，潜艇舰长们非常清楚即便他们真的在袭击下幸存，也很有可能会面临死亡。甚至连兰辛国务卿都能认识到这种情况有多么的荒谬。

英国商船都得到武装并有能力毁掉潜艇的事实令"人们很难要求潜艇事先作出警告并让自身暴露在一些英国载客船只的重型武器之下"。传统的"巡航规则"现在被用在了潜艇上，要求他们对视野内没有武装的商船提出警告。潜艇可以要求登船搜查，如果被发现是交战国的商船，船上的人便扣为人质，船只及其所载货品可以被没收或击沉。

但国际法认为武装船只并非和平船只而是战船，因此可以摧毁它们。甚至对于兰辛而言，坚持要求德国潜艇在攻击武装商船之前就提出警告都是太荒谬了。因为提出这样的警告，潜艇就等同于给了商船击沉自己的机会。英国人宣称自己的船只是装上武器"自我防御"的说法在那个时候毫无意义，因为所涉及的所有武器都强大到足可以击毁一艘潜艇。兰辛和威尔逊一样想要坚持美国人乘坐交战国船只穿越战区的权利，但他相信如果英国商船没有武装，美国人的法律诉求会更站得住脚。他认为传统的巡航规则"是很难正当地施加于潜艇之上的，因为观察一下就知道，这一规则强迫潜艇不得不暴露自己，并几乎肯定遭致毁灭"。

然而，到1916年上半年，当英国人明显不会同意拆掉商船的武装时，兰辛和威尔逊表现得好像这个问题从来就不存在一样，正式宣布英国人可以合法地用"防御性"武器武装自己的商船，毫不顾及这些武器强大到能够摧毁一艘潜艇的事实。在2月15日的一个官方声明中，兰辛坚称这种被认定为和平的船只应该有权利在潜艇开火之前受到警告。

国会议员们：美国人乘交战国船只应该自负其责

威尔逊：不可能——他们有权利！

两天后，得克萨斯州国会议员杰夫·麦克莱默与参议员托马斯·P.戈尔合作向国会提交了一份没有约束力的决议，要求总统警告美国人不要乘坐武装船只旅行，并且"如果有美国人乘坐了此类交战国的武装船只……应自己承担后果"。这是个合理又特别受欢迎的立场，议长曾说这一决议应该以2∶1的比例通过。但当3名影响力很大的民主党立法者4天后去白宫与威尔逊探讨这个问题时，总统却敦促他们阻止对这一决议的投票。威廉·斯通参议员当时是外交委员会主席，他告诉威尔逊："总统先生，我追随了您的国内政策——但是，向老天发誓！我不会跟着你参加对德国的战争。"麦克莱默的决议最终还是走到了投票阶段，但威尔逊用上了他所有的影响力——和威胁——击败了它。

德国政府几乎对如何理解美国的立场一无所知。德国皇帝亲自在威尔逊发的另一封外交照会空白处写下了无比失望的回应。这封照会是1916年4月底发出的，威尔逊通过论证"人道"利益来反对德国的潜艇战。德皇认为，这一表述对威尔逊而言意味着"真的或假设的美国公民随心所欲搭乘敌对的武装商船在战区内乱晃悠"的不受限制的权利。与此同时，英国的饥饿战术却"在威尔逊眼中绝对没有'不人道',还做得挺对"。

德国人的最后一推

到1917年1月,德国的情况变得越来越艰难,饥饿封锁对平民产生了严重的不良影响。德国军队最终说服了平民的领导阶层继续进行不受限制的潜艇战是必要的,即便这意味着与美国开战。他们相信德国可以击沉足够多的敌舰,到美国人派远征军到欧洲的时候,德国可能已经赢下了这场战争。

美国船长们越来越不敢涉险进入战区,这并不令人惊讶,他们可不想被德国潜艇击沉。那些错误地忠诚于威尔逊的名声的历史学家想要说明总统是个和平爱好者,一直竭尽全力想要阻止美国卷入一战,那么他们就很难解释威尔逊接下来的举动了。他破坏了之前所有的美国传统,号召要用美国海军的枪支武装商船,让海军做船员,并指挥他们向任何他们遇到的上浮潜艇开火。带着这样的指令,美国商船向战区行驶。到威尔逊4月向国会要求宣战权时,其中4艘商船已经沉没了。

为什么威尔逊支持参战?

2月,威尔逊欢迎简·亚当斯和一队和平主义者来到白宫,他的客人们得以一瞥他支持参战的根本原因。总统解释说:"作为参战一国的首脑,美国总统一定会在和平谈判桌上有一席之地,但是……如果他仍然只是一个中立国家的代表,他至多只能'对着门缝吼几声'。"

威尔逊坚信如果让欧洲各国自己决断,最终只会制造出一种报复性的、不切实际的和平，而一个不偏袒的美国则可以对欧洲和全世界未来的和平作出巨大贡献（当然，1814—1815年的维也纳会议全靠欧洲各国协商，没有美国人的协助，也签署了一项维持了一个世纪的和平协议）。而为了得到和平谈判的一席之地，威尔逊相信他必须成为参战国的首脑才行。

威尔逊参战

威尔逊在他的战争动员演讲中论证说，美国将会为伟大的道德原则而战。这一斗争不仅仅是针对德国，而是针对所有的独裁政体。威尔逊相信，民主政体内在就比这些政体更厌恶战争，按照总统所描述的，独裁政体中关于外交政策的重要决策都是由统治阶级的政治阴谋集团作出，而他们对于公众的意见完全一无所知。

威尔逊还将潜艇战称作是"对所有人类的战争"。根据历史学家托马斯·弗莱明的说法，这一说法在美国之后的战争经验中可得不到验证：

> 运用能够给潜水艇唯一机会抗衡他们水面之敌的方式——不经警告就用鱼雷轰炸敌舰——并不存在什么道德责任。美国海军在第二次世界大战中也采取了这种突袭手段，而没有人——就连美国的敌人们日本和德国也没有——将这一做法称为对所有人的战争。

威尔逊还在他面对国会的战争演讲中保证，美国人对待居住在他们之间的德裔国民的方式将会向全世界证明，美国对德国人没有任何意见，只是与德国政府有争吵。事实并非如此。德裔美国人受到骚扰、被妖魔化。交响乐团拒绝表演贝多芬和其他德国作曲家的作品，在许多州，在学校教授德语变成了违法行为（在两个州里，连在公共场合说德语都违法），德语书籍被焚毁，"不忠"的教授们被开除，德国泡菜也被重新命名为"自由白菜"。

和平会议：一个被威尔逊视而不见的灾难

1918 年 1 月，威尔逊颁布了后世熟知的《十四点和平原则》，概括了世界秩序，而这些原则在他看来应该对所有的和平解决方案有所影响。威尔逊提出"没有胜利者的和平"。在这样的和平之下，战胜国不能寻求任何不公正的扩张而牺牲战败国。威尔逊的原则包括结束秘密外交，他认为正是秘密外交促使了大战的爆发；裁减战胜国和战败国的军备；在无争议的波兰领土上重建波兰；自由贸易；海上航行自由；不偏不倚地处理殖民地问题；建立国联，威尔逊相信这一国际组织可以一劳永逸地结束所有战争。另外还有一个附加原则虽然没有在"十四点原则"中写明，却也表明了威尔逊的外交政策，即各国自决权：各国人民应该有权利决定自己的政治命运。

德国在 1918 年 11 月投降之后，威尔逊动身前往巴黎参加和会。为了保持他绝不妥协的风格，一个有影响的共和党人他都没带，代表团中的唯一一个共和党人是做了一辈子外交官的亨利·怀特，他与共和党几乎没什么联系。

在巴黎和会中发生的各种外交斡旋已经是无数详尽研究的对象。最重要的一点是，威尔逊热切盼望实现的"没有胜利者的和平"——一种更关注公正而不是复仇的和平，一种考虑到所有正义要求、不论战败战胜的和平——却被迅速地抛弃了。在四巨头（英国、法国、意大利和美国）的关门谈判中，威尔逊只看到了复仇和自我扩张。

威尔逊是那么沉迷于建立国际联盟的想法，就连英国和法国的代表们都知道，他们只需要威胁不加入他深爱的国联，就能够说服美国总统放弃"十四点原则"中的其他任何一点。对威尔逊而言，他说服了自己，只要他能够建立国联，这一机构就能修改和平条约中所有令人反感的内容。对于威尔逊而言，国联最重要。

前后不一

威尔逊的各民族自决原则在实践中带来了麻烦。本来想要给那些少数民族（主要是现在不复存在的奥匈帝国）建立他们自己的国家，然而在实践中只是造就了更多的少数民族。例如，在新建立的捷克斯洛伐克，就有300万德国人——当有人告诉倒霉的威尔逊这一事实时他大吃一惊。国际联盟在随后数年得出结论，这个少数民族群体一直饱受歧视，后来被德国领袖阿道夫·希特勒利用。他正是诉诸民族自决原则来证明兼并捷克斯洛伐克苏台德地区的合法性，因为这些德国人中的大部分就居住在那片区域。

事实上，尽管威尔逊号称自己忠实于民族自决原则，却在实施此原则上前后不一。说德语的欧洲人不仅仅被打包分到了捷克斯洛伐克，还分去了波兰、意大利和法国，德国甚至失去了95%人口都是德国人的港口城市但泽。奥地利被分解到只剩说德语的核心区域。虽然那时大部分人都支持德国与这个小奥地利组成联邦，威尔逊却明确地禁止在和平条约中出现这样的联邦。

和平条约的其他内容也让德国人愤怒不已,他们坚称自己是根据"十四点原则"才投降的。例如,威尔逊提出双方都裁减军队,但条约只裁减德国的军队,德国将不再拥有空军、坦克和潜水艇(毫不意外),并限制只能有 10 万人的陆军(令该国的军力与立陶宛相当)。德国将要支付的战争赔款具体数额并没有写在条约中,直到两年后一个特别赔偿委员会算出准确数额后才确定。然而,根据德国人所听到的消息,他们相信得赔上数十年甚至几个世纪才能还得清。

战争罪责条款对他们打击特别大。德国的领袖们说,德国一国要担负挑起战争的罪责,德国人的尊严受到了践踏。乌尔里希·冯·布罗克多尔夫-兰特佐伯爵是德国代表团的团长,他在这一点上十分顽固,坚持认为自己的国家虽然并不否认对战争爆发及其发展也有责任,却不能接受只有德国承担战争罪责的说法。他指出,在德国投降后饥饿封锁仍然持续了 4 个月:"10 月 11 日之后数十万非战斗人员因为封锁而丧生,我们的敌人在征服了我们,胜利已经获得确保之后,故意冷血地杀害了这些人。当你们说罪责和惩罚的时候,想想这个。"

反对者:我们不能管制整个世界

在和平条约起草完毕之后,威尔逊还需要说服美国参议院批准它。虽然在他的公开讲话中,威尔逊坚称美国人民是支持条约的,只是参议院中一小部分人故意设置阻碍要反对它,但现实并非如此。反对条约的集会参与者甚众。有德裔美国人认为条约对德国太严苛，意大利裔美国人震惊于威尔逊拒绝了意大利的要求，爱尔兰裔美国人惊骇于会议竟然没有确保爱尔兰的独立，自由主义者则认为和平条约背叛了威尔逊自己的原则。

然而，美国人之间争论的主要内容是关于国际联盟的协定，它包含在和平条约中。特别是第十条，强制国联成员要保护其他成员国家的领土完整。这引起了巨大争议。反对者担心这会侵蚀美国的主权——他们害怕成为国联的一员会让美国在军事上被强制卷入其他国联成员因为模糊的国界争议所导致的冲突之中。

很多反对协定的人并非那些支持美国中立地位的人误导性描述下的"孤立主义者"，相反却是那些国际主义者。马萨诸塞州参议员亨利·卡波特·洛奇就是最好的例证之一。他们并没有争论要让美国退出世界舞台，而只是要求白纸黑字地确保美国人有权决定何时何处采取行动。

《洛奇保留案》宣称："美国不承担……在第十条的规定下涉及的任何保护其他国家领土完整或政治独立的责任，或根据条约的任何条款因为任何理由派遣美国陆军或海军的责任。"除了唯一有权宣战的国会认为应该派军的特殊情况。保留案诸条之前的序言也提出条件，美国对《凡尔赛条约》的批准只有在4个协约国中至少3国正式接受了保留案之后才会生效。

威尔逊仍然坚信，对第十条的任何挑战对于国联来说都是致命的，他向自己的美国同胞解释道："我不是那种参加世界和平的会议时想要坐在门边，手握把手不断扭动想要确保门没锁的人。如果我们想要参与这事儿——我们的确想要参与——就要全身心投入、目标坚定，一直坚持这项伟大的事业，直到最后。"

> **1919年《国际联盟盟约》第十条**
>
> 　　联盟会员国担负尊重并保持所有联盟各会员国之领土完整及现有之政治独立的责任,以防御外来之侵犯。如遇此种侵犯或有此种侵犯之任何威胁或危险之虞时,政府应筹拟履行此项义务之方法。
>
> 　　对于那些担心国际联盟会损害美国主权的人,伍德罗·威尔逊回答道,他很期待有一天"人们对全人类的主权能和今天这些人对自己的国家主权一样热心"。

"离奇"而"激进":威尔逊的计划

　　威尔逊横跨整个美国想要为条约赢得支持,他时常谴责自己的对手无知或恶毒,而对手们寻求的只不过是修改条约以确保美国主权的完整。前总统威廉·霍华德·塔夫脱支持国际联盟,但他也为威尔逊的行为而惊骇:"对他来说……解释国际联盟而不用轻蔑无比的言语去描述自己的对手是不可能的……总统完全不同意任何保留案的态度真是没法应对。""总统说得越多,"托马斯·弗莱明写道,"他就越使大部分参议员相信,这一条约需要那些保留案来保护美国不受像伍德罗·威尔逊这样的人领导的国联之苦——他是个激进的理想主义者,为了试图让整个世界变得完美而不惜在得不到国会或人民的同意时就让美国卷入纷争。"

　　也许威尔逊精神上的不稳定反映在了他对这个违背了自己如此多原则的条约变得越来越浮夸的描绘之中。当他穿越全国以获取对条约的支持时（条约仍然需要参议院的批准），他将这一存在致命弱点的文件形容"人类希望的无与伦比的结合"，在某一刻它甚至成了"神恩的事业"。《凡尔赛条约》是深思熟虑又无可比拟的文明成就，"威尔逊坚称，"这是大国所签订的第一个不以一己之私为出发点的条约。"

当威尔逊拒绝接受参议院修改过的条约时，这份条约就在劫难逃了。他下令让自己的支持者投票反对，条约的通过最终以失败告终。

在威尔逊的继任者沃伦·哈丁任下，国会通过了一项决议正式宣布战争结束，最终为一场牺牲了12万美国人性命的冲突画下了句号。

威尔逊的狂热和弗洛伊德的诊断

（威尔逊）正在迅速接近那个很少有人去过还能回来的精神之土。在那里，事实只不过是希冀的产物，朋友出卖你，一把精神病院的椅子可能就是上帝的王座……那些直面真相的人，不论他们有多不讨人喜欢，都能保留自己精神的完整性……（威尔逊）号召自己的国民跟着他踏上远征，他们跟从了……他向他们和敌人——确实还有所有人类——保证根据他的十四点原则将实现绝对正义的和平。他曾经像个已经准备好面对死亡的先知一样宣传自己的这些原则，现在却放弃了。如果……威尔逊能够告诉自己，我打破了承诺，因为我害怕战斗，那就不会在1919年4月之后精神崩溃。从4月

> 直到 9 月他彻底而永久地崩溃，他的精神生活一直都与事实相去甚远。
>
> ——奥地利心理学家西格蒙德·弗洛伊德

为第二次世界大战做准备

威尔逊成功地说服了自己，德国皇帝是世界上所有邪恶的象征。威尔逊圈子里的人们都假设，当扩张分子德国皇帝让位于温和的代表制的魏玛政权，推翻德国皇帝并废除德国的君主立宪制之后，从长远看，整个世界就会更加和平。

历史学家已经指出，在第一次世界大战末期与德国签订的和平条约——惩罚性的《凡尔赛条约》——是导致第二次世界大战爆发的重要因素。希特勒诉诸那些痛恨《凡尔赛条约》的德国人的爱国主义和尊严来支持他的外交政策。而伍德罗·威尔逊虽然真心希望能让整个世界安全并实现民主，他却并没有做到。一次甚至更加严重的冲突在 20 年后爆发了。

第十章　被误解的 20 世纪 20 年代

在历史学家对美国总统的排名中，沃伦·哈丁和卡尔文·柯立芝通常都会垫底。这并不令人意外，因为这两位总统并没有参与任何大规模的社会工程，也没有从事任何庞大的立法项目如"罗斯福新政"或"伟大社会计划"，更没有让美国参与任何大型国外战争。既然大部分历史学家都更偏爱那些热衷于实现国内外"社会正义"而积极行动的政府，他们都不怎么同情那些不干涉美国人民的执政官。尽管如此，美国却在 20 世纪 20 年代欣欣向荣。美国企业产量创造纪录，工资增长、工作时间缩短，另外，似乎为了再次强调劳工工会的无关紧要，所有这一切都发生在工会会员急剧下降的时期。

> 你知道吗？
>
> 1. 虽然没有什么大型项目启动，哈丁和柯立芝当总统的时期却是美国历史上经济最繁荣的时代之一。
>
> 2. 在安德鲁·梅隆担任财政部长时期，最高收入税率从

> 73%降到40%，随后更是降到了25%，然而降幅比例最大的是发生在低收入区间，人们目睹自己的大部分收入税负担几乎都消失了。

投票给与威尔逊正好相反的人

哈丁之所以能赢得1920年的共和党提名，部分是因为他跟威尔逊完全不同。他没有什么浮夸计划要重塑全世界，也没有什么特别的欲望要像威尔逊那样加强和扩张总统职权。正如马萨诸塞州参议员亨利·卡波特·洛奇解释的那样："哈丁将不会试图成为独裁者，而是尽其所能以传统的、被人们接受又符合宪法的方式延续政府。"至于外交事务，哈丁更偏向于温和而独立的方针："我们对于选择自己的命运充满信心，并满心警惕地捍卫这一权利，我们不会寻求去指挥旧世界各国的命运。我们不想被牵连。除了我们自己的判断力和良心所接受的职责，我们不接受任何其他职责。"虽然哈丁肯定不是什么天才，但他也不是那些毫无同情心的历史学家所塑造的那种笨手笨脚的白痴。他的私人文件显示他阅读广泛，最喜欢的作家包括卡莱尔、狄更斯、波普和莎士比亚。

> **一位总统怎么说**
>
> 也许我任期内最重要的成就之一就是只管自己该管的。
>
> ——卡尔文·柯立芝

丑闻

所有这些说法都不是想要暗示这两个人在私生活和政治上多么清白无瑕。哈丁虽然深受美国人爱戴——从旧金山到华盛顿,运输他遗体的火车得时不时停下来,因为人们想要表达自己的哀思——在私生活上他至少跟学者们所说的一样,没什么同情心。虽然他很可能并不是像传说的那样是南·布里顿孩子的父亲(最近的研究倾向于不相信她的说法),但他还是有过不少风流韵事。他的私人文件甚至披露他曾经出钱让一个女人流产。他与妻子最好的朋友凯莉·菲利普斯有一段长达 15 年的婚外恋。凯莉后来以此敲诈他,哈丁竞选支持者的反应是筹集了 2 万美元让她离开美国,直到大选之后再回来。当这一事件的新闻后来出现在一本书中时,他们出动了联邦调查局来销毁原版和所有副本。

在政治上,他留下的印记将永远是在他做总统期间那些甩不掉的丑闻,但即便是在这个领域,那些丑闻也不是哈丁本人的行为,大部分时间他是真的不知道发生了什么。在哈丁与出卖政府利益的官僚杰斯·史密斯会面的第二天,史密斯自杀了。此前两个月,退伍士兵局顾问查尔斯·克莱默在哈丁发现该局局长通过销售政府医疗补给获利后自杀。

20 世纪 20 年代的真相

根据传统智慧,20 世纪 20 年代是政府行为锐减的年代,不论是国内还是国外政策都一样。哈丁和柯立芝通常被认为是自由竞争经济和不干涉主义外交政策的坚定支持者。不过又一次,自由主义历史学家夸大了他们的说法。

的确，跟前一个 10 年相比，这段时期不论是美国内政还是外交，都代表了一个政府干涉度降低的时代。但是毕竟前一个 10 年中发生了第一次世界大战。所以，即使 20 世纪 20 年代政府的花销和外交参与度与前 10 年相比有所下降，也都仍然比战前要高。这就是经济历史学家罗伯特·希格斯所谓的"棘轮效应"：虽然在一种紧急状态过后，政府会不可避免地相对收缩，但从来没有真正收缩到紧急状态之前的水平。它的范围、开支、税收都低于紧急状态中的情况，但比紧急状态之前要高。

更低的税率

在一战期间，最高的所得税率从 7% 飙升到令人难以想象的 73%。在哈丁和柯立芝任内都担任财政部长的安德鲁·梅隆认为，这样令人窒息的税率正在伤害国家的经济。他还相信这样的高税收导致联邦政府所获的财政收入比低税率所获的收入其实更低（因此梅隆应该受到经济学家亚瑟·拉弗和他的"拉弗曲线"的挑战。这一理论在 20 世纪 70 年代后期得到关注）。过高的税率造成有钱人隐藏自己的收入，而不会将自己暴露在如此苛刻的税率之下。如果他们用钱投资并干得不错，联邦税法将会允许他们保留赚到的每一美元中的 27 美分，但如果他们投资失败，就会失去每一分钱。谢谢，不过不用了，许多美国人都这么说。

大量有钱的美国人转而投资不收税的州和地方政府债券——当然，并不是什么特别赚大钱的行当，但至少还能有所收获，而且这些收入不用交税。与此同时，企业却极度缺乏资金。那些本来可以用作企业投资的资金被束缚在了地方债券中。各州被现金淹没，可以资助各种可疑的项目，而私人企业却陷入困境。

梅隆由此认为，减税对于美国经济的健康至关重要。在他的影响之下，整个20世纪20年代对各个税阶的税率都开始大范围降低。最高收入者的税率因为之前太高，因此在绝对值上有最大的降幅，从73%到40%，后来还到了25%，但是在比例上降幅最大的其实发生在低收入税阶中，人们目睹了自己的收入税负担几乎完全消失。

这样做的结果是，不仅联邦财政收入有实际增加——梅隆政策不幸的一面——但更重要的是，经济行为翻了数番。这些减税政策毫无疑问在这段时期的繁荣中扮演了重要角色。到1926年，失业率甚至下降到无法想象的1%。

不，哈丁和柯立芝的确没有建立公平交易、新政、新边疆、伟大社会或是新约。在大部分时间里，他们只是不插手经济，不干涉人民的生活。但结果却说明了一切。到20世纪20年代末，美国可以夸口令人难以置信地生产了全世界34%的产品，排在后面的是英国和德国，但两者都只刚过10%。怪不得历史学家痛恨哈丁和柯立芝，这些总统成功地向大家显示，如果那些挥舞着浮夸计划、野心勃勃的政客们能闭上嘴别瞎折腾，这个国家本来是可以变得多么美好。

今天，几乎不可能想象如卡尔文·柯立芝这样不爱出风头的人如何能够赢得大选。他在竞选中没有作出任何承诺要通过税收牺牲一部分国民让另一部分变得富裕，也没有承诺任何其他的政府计划。他非常理解"意图良好"的政府计划可以导致的损失，也明白国父们所展望的有限美国政府性质。这和今天的总统候选人们所讲的确实大相径庭。

选举卡尔文·柯立芝的美国是体面又善良的，他们的总统是个有个性的人，没有开启任何浮夸的经济项目和社会重建计划，完全没有兴趣要掺和世界的所有问题。H. L. 门肯如此评价他："当他辞职的时候我们没有什么可震惊的，但也没有什么可头痛的。他没什么想法，但也一点不令人讨厌。"如果同样的评价可以用在他的继任者们身上就好了。

> **一位总统怎么说**
>
> 　　没什么比花掉公共财政经费更容易，因为它看起来不属于任何人。将它授予任何人都是巨大的诱惑。
>
> ——卡尔文·柯立芝

第十一章　大萧条和罗斯福新政

1929年10月的股市崩盘令欣欣向荣的年代景象戛然而止。人均国民生产总值在1929—1933年间下降了30%。在最糟糕的时候，失业率达到了难以想象的25%。有这么一种说法是，如果把失业者排成一条队，两人之间间隔一码（约0.9米），这条队伍可以从纽约到西雅图、洛杉矶然后再一直绕回纽约，这样还能多出28万人来。在1931年、1932年和1933年，公司缴税之后的盈余实际上为负值。20世纪30年代的净投资额也是负数——也就是说，设备和机器折旧的速度比更新速度要快。

到底是什么导致了1929年的崩盘？这是个很复杂的问题。大部分历史学家——不论是马克思主义者还是中右派——都将大萧条归咎于资本主义，他们认为盛衰周期就是市场经济固有的部分。然而奥地利经济学派提供的更有说服力的解释看法则正好相反：盛衰周期并不是市场经济必然的特征，实际上这一周期是中央银行（在美国是联邦储备系统）推动的——而它可是个非市场化的机构。读者若有兴趣，请一定参考一下穆雷·N. 罗斯巴德的《美国大萧条》（American's Great Depression）一书，其中对这一问题展开了合理而可靠的分析。

> 你知道吗？
>
> 1. 当很多美国人都饥饿又贫穷时，罗斯福下令屠杀3 600万头猪，毁掉1 000万英亩的棉花。
> 2. 由新政所"创造"的公共职位替代和毁掉了私人职位。
> 3. 第二次世界大战并没有结束大萧条，战后回归自由经济活动后大萧条才结束。

胡佛：一个"啥都不做"的总统？要真这样就好了！

大部分人认为当大萧条席卷美国全境时，胡佛站在一旁袖手旁观，是富兰克林·罗斯福对经济雄心勃勃的干涉才最终带来了经济的恢复。这与事实完全相反。

首先，胡佛并没有在大萧条期间袖手旁观。他做了不少事情——比任何和平时期的总统做的都要多。罗斯福新政计划中的一个重要人物雷克斯福德·塔格威尔之后就曾承认："我们当时虽然没有承认，但实际上整个新政计划都是从胡佛已经开启的那些项目中推引出来的。"实际上，胡佛对经济的不断干涉将整个状况变得更糟。他将1929年的经济衰退之手变成了大萧条。虽然1929年和1930年的经济状况不太好，但一直到1931年——在政府干涉了一年之后——情况才真正地恶化了。

保证失业

在股市崩盘后一个月内，胡佛将起关键作用的商业领袖召进了白宫。他恳求他们不要削减工资，论证说高工资是从大萧条中脱身的方法，因为这样让工人有能力购买货品。

当然了，胡佛的哲学表面上说得通，几乎每一本美国历史教科书都尽职尽责地接受了它。论证是这样的，经济下行是因为"消费不足"造成的，但这种看法有问题。首先，如果造成大萧条的原因是消费者开支的减少，我们就应该预期最受打击的经济部门将是那些制造锅碗瓢盆、牙刷或做苹果派的。但正如历史学家加里·迪恩·百斯特指出的那样，最遭受打击的实际上是制造耐用消费品和资本货品[1]的行业。"消费开支的增长，"百斯特解释道，"将会极大地帮助消费品行业，而那些行业相比大萧条之前的水平下降程度最小。它几乎没有影响到重工业，而后者才是在大萧条时期受影响最大、失业工人数量最集中的行业。"

胡佛的理论忽视了一个极为重要的问题——薪资对于商业而言是一种开销。当他要求企业开出高工资时，特别是在价格正迅速下跌的时期，他就让各个企业更难雇人。然而这些大企业尊重了总统的要求。令人悲伤的结果可以预料：大规模的失业。

胡佛的错误在于假设高工资是美国繁荣的原因，然而高工资只是这一繁荣的反映而已。如果单靠高工资就能够产生繁荣，那么我们就能够简简单单地推行每小时100美元的最低工资来消除世界贫困。只有疯子才会支持这样的政策，因为这么做的结果只会导致闻所未闻的失业率和对经济造成巨大破坏。

插手农业

胡佛的农业政策是另一个灾难。一战结束后，农民不断要求政

---

[1] 资本货品：即制造其他产品所需的工具设备，如机器等。

府在这样那样的问题上提供帮助,包括要求政府帮助提高农产品价格(换句话说,农民想要政府把食物和衣服弄得更贵,好让他们自己谋利)。农民难以维持生计,因为他们为数过多——在经济上完全说不通的那种过剩。在一战期间,因为欧洲的生产完全被打乱,美国农业得到了迅猛的扩张。既然战争结束了,指望美国过于膨胀的农业能够保持同样的规模就毫无道理了。人和资源都必须转化到那些制造美国人真正所需产品的行业中去。

胡佛为了帮助美国广大农民发展成立了联邦农业局(简称FFB)。农业局向农业合作社发放贷款,好让农民能够囤积自己的庄稼,特别是小麦和棉花,等到价格涨起来后再卖。不论什么时候,这种方式虽然能够让价格上涨,但农民只会开开心心地在下一年种得更多,导致产品过剩问题更严重。最终,农业局授权通过粮食稳定公司从美国农民手上大量收购高于世界价格的小麦。这样,农民只会把小麦卖给粮食稳定公司而不寻求出口。政府的农业官僚们十分肯定,只要美国的小麦不在国际市场上销售,就会出现世界性的小麦短缺,外国人过不了多久就会求着买美国的小麦。然而,加拿大和阿根廷的小麦种植者却抢走了美国的国际市场份额。

联邦官僚们的确在短时间内成功提高了谷物的价格,然而,由于政府行为而导致的生产过剩却让价格被压得更低。因为全世界都知道,这些谷物最终还是要在国际市场上甩卖的。英国经济学家莱昂内尔·罗宾斯几年后这样观察道:"胡佛为了保持农产品价格而建立不切实际的收购公司,其效果是通过囤积产品、制造不确定性使整个市场陷入混乱。"

基于这一问题,有些政府官员还是很诚实,承认这样的一个计划如果想要起作用，就需要严格限制农民生产的数量。农民对主动减少小麦和棉花种植面积的要求充耳不闻。农业局不顾一切地想要提高农产品价格，他们的领导人甚至号召各州州长"让农民立刻开始每隔两行就铲掉一行棉花树。"

> **胡佛应该学一学哈丁**
>
> 哈丁对于1920—1921年经济下行的策略是什么都不做——除了通过降低开支让政府勒紧裤腰带过日子。一年之内经济就重归活跃。

还有更棒的：加税

臭名昭著的《史穆特—郝雷关税法案》本来是为了向美国的农业提供关税保护，但后来发现，在政治上不可能有一种方式能将这样的保护仅仅限制在经济的某一个方面。无数行业的施压团体都跑到华盛顿去要求关税保护。几乎所有的美国经济学家都联合起来，敦促胡佛否决《史穆特—赫雷关税法案》，然而胡佛无视了他们所有人，并在1930年6月签字批准法案的实施。它使得超过2.5万种产品的关税平均提升了59%。关税的提升对于美国的出口产业是重大打击，当美国的贸易伙伴们的产品被关在美国市场之外，他们不可避免地会采取报复。比如，意大利政府通过把美国汽车的关税翻番来作为回应——让美国汽车在意大利的销售量下跌了90%。法国人则基本上把所有美国产品都拒之门外。西班牙的报复则是把美国汽车的关税提高到了基本能保证它们不可能在西班牙卖得出去的程度。

还有其他的增税政策——非常多。曾经在20世纪20年代为降低税率而奋斗的安德鲁·梅隆突然在1931年12月改变立场,想要大幅度增加税率。国会和总统听从了他的意见,结果就是灾难性的《1932年岁入法案》的出台。这是美国历史直到那时在和平时期最大的增税幅度。个人所得税极大地提升,对最高收入者的税率从25%飙升到了63%。这就意味着在大萧条期间,企业最迫切需要私人投资的时候,政府却让私人投资变得毫无吸引力。

胡佛花钱如流水

胡佛还大量增加了公共建设工程。他4年任期内在这些工程上的花费比前30年的总和都多。在因为《史穆特—赫雷关税法案》而导致的国际贸易缩减时期,船运没有那么吃香,而胡佛却补贴了造船工业。胡佛的重建金融公司(RFC)为濒临失败的企业——主要是铁路和银行业——提供低息贷款。到1932年下半年,重建金融公司不仅仅只救助那些碰到麻烦的企业,也借钱给各州以缓解失业压力、资助公共建设工程。

总统为濒临失败的企业提供支持。这种尝试的效果值得怀疑。"那些他希望能够拯救的企业,"一位历史学家如此写道,"要么在充满恐惧的痛苦之后最终破产,要么就因为债务重重而在整个20世纪30年代都压力巨大"。

胡佛与罗斯福政策不一样的唯一领域在于,胡佛犹豫着没有提供直接的联邦救济,更寄希望于志愿组织以及最终,向各州提供贷款。他相信志愿组织以及各州政府和当地政府是提供援助的恰当机构。

当回顾他的总统生涯时，胡佛称赞了自己勇敢的行为。"我们有可能一事无成，"总统在1932年说，"那就会是彻头彻尾的毁坏。然而，我们直面这些状况，向私人企业提出各种提议，向国会提出在美国有史以来最宏伟的经济防御计划和反击方案。"结果，他的行为导致的却是持续不断的经济灾难。

罗斯福来了

1932年，民主党人富兰克林·德拉诺·罗斯福以压倒性优势在大选中击败了胡佛。在各项投票中，罗斯福经常与华盛顿和林肯并列为"最伟大"的总统之一。许多美国人相信正是他的"新政计划"将美国从大萧条中拯救出来。事实是，1933—1940年，在罗斯福治下平均失业率高达18%。

一位传记作家曾经说过，没有人对经济像罗斯福那样一窍不通，这一点也不难看出来。罗斯福完全不知道财富是如何被创造出来的。他所号召的是各种荒唐法律拼凑而成的法律体系，有时互相矛盾，有时甚至是自相矛盾。

> **媒体怎么说**
>
> 官方组织所做出的最疯狂事情之一。
> ——《纽约时报》对摧毁作物以保持高价这一政策的评价

通过中央计划寻求繁荣

《国家工业复兴法》（NIRA）建立了国家复兴局，这一法案是个巨大的自相矛盾体。一方面，它想要通过保持高薪给予消费者更大的"购买力";另一方面,它又建立起数以百计法律许可、覆盖整个行业的大集团,由他们来制定标准工资、工作时间和最低定价。最低定价意味着会极大地阻止各企业低价倾销,每一家的价格都必须得达到规定的最低价。人为的高工资意味着继续失业,而高价格又意味着几乎所有美国人都难以为生。还真是个"复兴"策略呢!

> **一个拒绝了政府救济的慈善机构**
>
> 1931年红十字会拒绝了联邦政府提议的2 500万美元拨款,称他们自己的钱够用,这样由政府拨给私人慈善机构的钱将会"在很大程度上毁掉自发性捐款"。

销毁食物以帮助饥饿的人

罗斯福的农业政策完全是自成一格。他不满足于为其他产品制定高价,转而开始干涉食物产量。他提出要给农民钱让他们减少产量或者根本不生产。他相信,供应的减少能够提升农产品价格。但与此同时,他还得解决已经存在的多余农产品。罗斯福决定销毁已经生产的产品,以此来制造短缺从而提升农产品价格。600万头猪被屠杀,1 000万英亩的棉花被毁掉。

农业部长亨利·华莱士是这个国家所见到的最彻底的苏维埃追随者,他将这种庄稼和牲畜的大批损毁称为"清扫过去不平衡生产的残骸"。当然,华莱士对于到底产品数量是多少才能"平衡"有自己独到的见解。

《农业调整法案》（AAA）通过后不久，农业部就发表了其对大萧条时期美国人饮食研究的结果。这项研究确立了 4 种不同的饮食标准：过量的、适中的、最低限度的和紧急状况（低于勉强为生的标准），它发现美国没有生产出足够的食物供美国人维持最低限度（勉强为生）的饮食标准。脑子是要有多不好使，才能够以此得出结论，对付这一灾难最好的办法是让食物变得更贵！

与此同时，那些证实罗斯福的方法从根本上有问题的证据不断增加。1936 年，农业经济研究局报告说以棉花为例，如果没有《农业调整法案》，农场的收入至少与现在持平，也许会更高。接下来的一个月，康奈尔大学的詹姆斯·E.博伊尔就在《大西洋月刊》上论证说，《农业调整法案》至少要为 200 万美国人的失业负责，特别是佃农和农场帮工。虽然这一法案最初的意图是要增加农场收入，历史学家吉姆·鲍威尔仍然观察到农民"发现，实际上因为罗斯福的国家复兴局强行提高价格的策略更为成功，从而使他们陷入处境更糟了，因为这让消费者——包括农民——不得不花更多钱购买产品"。

今日之政治正确

乔治·廷德尔和戴维·史是标准美国历史教材的作者。他们向我们保证"有一段时间这些农场政策起到了作用"。好吧，如果"起作用"的意思是在人们穷得不能再穷的时候，这些政策达到了提高食物和衣服价格的目的，那么它们的确"起作用"了。屠杀动物、毁掉庄稼的确可以增加这些货品的价格。恭喜恭喜！

> **我们"最伟大"的总统之一怎么说**
>
> "我们是不是要完全让联邦政府彻底不作任何努力,来调整全国作物的生长,直接回到我们的老原则上——每个农民都是自己农场的主人,想怎么干就怎么干,种他想种的任何东西、养他想养的任何动物,随时随地、多少都行,想什么时候卖就什么时候卖?"
>
> ——当最高法院拒绝了罗斯福的农业计划时,他如是说

罗斯福在农业方面的遗产

不幸的是,政府对农业的大量干涉从来就没有消失过。甚至到了20世纪80年代——这个人们将政府与节省和忠于市场原则联系起来的年代,每年的农业计划都消耗掉了300亿美元,其中2/3以补贴的形式发放,而另外1/3则是对消费者而言更高的价格。这些计划背后最主要的策略是价格支持:联邦政府提供每一个产品的收购价给农民,只要他们愿意卖,政府照单全收。因此,如果联邦政府的收购价比市场价高,那么农民就不会在市场上出售产品。这样一来,政府手上经常会有大量的不同农产品,他们必须得想出办法来处理它们又不至于让价格下跌。政府时常会决定销毁它们。直至今日,罗斯福在农业方面的遗产都能被我们感受到。在20世纪80年代,美国农业部下令每年销毁:

- 5 000万个柠檬!
- 1亿磅葡萄干!

- 10亿个橘子！

花生收购价造成的影响是让花生和花生酱的价格翻倍。奶制品的补贴就更荒谬了，美国每一头奶牛都能获得每年700美元的补贴——"这一数字比全世界一半人口的收入都高"。埃里克·尚思博格教授指出了这一点。的确，在20世纪大部分时间，美国人的蔗糖价格都比全世界平均价格高5倍，这得感谢政府的价格支持。对于蔗糖生产商而言当然是件大有裨益的事情，他们每年从这一政策中可以平均获得23.5万美元收益。然而，它让消费者每年都要多花费30亿美元，并让美国所有需要蔗糖的行业竞争力相较于它们的国外竞争者而言都更差，因为后者不用被迫花那么高的价格购买蔗糖。

> 3本你未必读过的书
>
> 《罗斯福迷思》[1]，约翰·T.弗林著，50周年纪念版，旧金山：福克斯和威尔克斯出版社，1998年版。（这本书偶尔在经济方面不太合理，但仍然值得一读）
>
> 《罗斯福的愚蠢》[2]，吉姆·鲍威尔著，纽约：皇冠论坛出版社，2003年版。
>
> 《没工作：20世纪美国的失业与政府》[3]，理查德·K.温

---

[1] 本书的英文名为：The Roosevelt Myth。
[2] 本书的英文名为：FDR's Folly。
[3] 本书的英文名为：Out of Work: Unemployment and Government in Twentieth-Century America。

> 德尔和洛厄尔·E. 加罗韦著，纽约：霍姆斯和迈尔出版社，1993 年版。

罗斯福反商业的狂热态度延缓了经济复苏

新政的其他方面也对经济造成了损害。新政的劳工法案再加上社会保障所导致的新增劳工开销，进一步导致了失业率问题的恶化——根据经济学家理查德·温德尔和洛厄尔·加罗韦的研究，到 1938 年，又已经新增了 120 万失业人口。

经济历史学家罗伯特·希格斯曾论述过的"政体不确定性"也阻碍了经济恢复。商人和投资者无法确定联邦政府下一步会干什么，又会有什么新的惩罚措施会落到他们头上。他们只得停止投资。希格斯还注意到在 20 世纪 30 年代特别受到冲击的是长期投资。在债券市场，长期债券都拥有巨大的风险溢价，这就意味着商业领袖们对于未来相当没有信心。希格斯收集了 20 世纪 30 年代民意测验的数据。这些数据说明，这种对于未来的不信任最终归结于对于政府未来政策的不确定。生意人将那些占据着白宫的反商业狂热分子的各类胡言乱语都当了真。

劳工立法的后果

罗斯福通过《全国劳工关系法》——更著名的名字是《1935 年瓦格纳法案》——极大地鼓舞了劳工组织。标准的教科书默认，对工会好的事情也一定对工人好（尽管现代工会的整体目的就是将人们排除出某一行业，来提升工会工人的工资），事实却正好相反。

工会让整个社会变得贫穷的方式有很多,从扭曲劳工市场到不鼓励效率和创新的工作规则。2002年年末,国家法律和政策中心和约翰·M.奥林雇用实践与政策研究所共同发布了一项联合研究,俄亥俄大学的经济学家理查德·温德尔和洛厄尔·加罗韦计算出在过去的50年,整个美国经济仅仅为工会就花费了50兆美元。这可不是什么印刷错误。"这一无比沉重的经济损失对经济并不是一次性的影响,"研究表明,"我们的模拟揭示出,一开始只是每年都存在的小影响,一直叠加超过50年后导致了巨大影响。"研究的确发现有工会的劳工的确比没有工会的劳工获得的薪水高15%,这一点并不令人意外,然而,研究还发现,劳工的总体薪酬受到了巨大打击,因为整个经济体比没有工会存在时缩小了30%—40%。

劳工历史学家和活动家肯定没有办法解释,为什么在工会组织在数字上几乎可以被忽略(到1900年,只有3%的美国劳动者加入了工会)的年代,美国制造业的真正薪酬从1860年到1890年不可置信地增加了50%,从1890年到1914年又增加了37%,或者为什么那时的美国工人们比他们那些加入工会比例更高的欧洲同僚们日子好过得那么多。大部分人的做法似乎是完全无视或不提这些事实。

> 一本你未必读过的书
> 《让美国变得更穷:劳工法的代价》[1],摩根·雷诺斯著,华盛顿特区:卡托出版社,1987年版。

---

[1] 本书英文名为:Making America Poorer: The Cost of Labor Law。

"公共工程"的灾难

新政的崇拜者向我们保证,大量罗斯福的支出项目提供了工作机会和经济刺激。然而这些工作是靠从一些人(纳税人)手上拿钱补贴另一些人实现的,所以并不是净刺激。实际上,这样的项目真是太差劲了,它们将资本从私人手上转移走,从而抑制了健康创造的工作机会。经济学家约翰·约瑟夫·沃利斯和丹尼尔·K.本杰明发现新政的开支项目所"创造"出来的公共职位要么替代了私人企业的工作,要么完全毁了私人企业的工作。罗斯福所建立的各种公共工程项目和他为此花掉的几十亿美元只是让资本枯竭,全都投向政府工程。然而那些政府工程天生就浪费巨大,因为他们缺乏引导企业家在投资决策时所需要的"盈利—损失"检测。

通过无价值的工作买选票

罗斯福的公共工程项目充斥着腐败。经济历史学家不遗余力地试图说明这些遍布全国的工程是如何分配的——例如,为什么最贫穷的南方收到罗斯福公共事业振兴署(WPA)的援助最少呢?

不少学者注意到公共事业振兴署的项目主体都在西部各州,1932年罗斯福的竞选优势在这些州都很不明显,因此他们认为政治上的考量在决定这些项目该如何分配上扮演了重要角色。加文·莱特、约翰·约瑟夫·沃利斯、吉姆·F.库奇和小威廉·F.舒哈特等研究者都发现了新政的开支和罗斯福政治需求之间的显著相关性。例如,莱特就主张政治因素能够解释新政开支在不同州之间有80%的区别。罗斯福花更多钱在西部各州而不是南部各州,因为南部已经给了他 67% 的选票，那里在政治上可比西部要安全多了，所以没必要去购买他们的选票。

公共事业振兴署的工作人员经常受到压力要支持罗斯福最偏爱的候选人、改变他们的政党背景，或是为罗斯福的竞选连任"作出贡献"。一个参议院委员会的调查接二连三地发现振兴署雇员们被要求如果想要继续工作，就要将工资的一部分捐赠给总统以助其竞选连任，或者因为拒绝宣布支持某个偏爱的候选人而得不到救济基金，以及要求那些接受救济的共和党人必须登记为民主党才能保住工作。

这绝不是罗斯福任期内发生的唯一政治恐吓范例。标准的教材会提供水门事件的所有细节和理查德·尼克森如何滥用职权的手段（这是教科书应该做的），但绝口不提罗斯福才是这一行径的前辈。当可怜的芝加哥保罗传道会天主教电台神父詹姆斯·吉利斯批评了罗斯福的最高法院改造计划时，美国联邦通信委员会就吊销了电台的执照。早在 1935 年，罗斯福就要求联邦调查局启动一系列针对各种保守派组织的调查，在随后几年中一直秘密寻找证据（当然一直没找到）想要证明美国优先委员会杰出的成员——他们经常被诬陷为纳粹和叛国者——接受了纳粹的献金。

来自最高法院的反对

非常令人暖心的是美国历史上曾经有过这么一个时代，这些新政计划真的被基于宪法理由而受到批判。在 20 世纪 30 年代，仍然还有足够多的最高法院大法官致力于忠实地解释宪法，这样诸如《国家工业复兴法》和《农业调整法案》之类的法律还真的因为违宪而被裁决。

法院的裁决激怒了罗斯福，这一点自不必说。他谴责法院的"9个老头子"对于宪法的解释只适用于"老掉牙的落后年代"，但他可不是谴责就了事。1937年，罗斯福提议，要是出现任何一名达到70岁却没有退休或辞职的最高法院大法官，就可以增加一名大法官。既然那时9位大法官中有6位都已经超过了70岁，因此这一提案一旦通过便能让罗斯福增加6名大法官。

起先，总统试图宣称自己的计划意图只是想要为年长的大法官提供协助，然而就连他自己的一些支持者都觉得这个明显的谎言过于冒犯。最终，罗斯福对自己的意图变得更加直截了当：他认为现有的这些大法官都太过于尊崇一种陈旧的法理，必须在最高法院引进对宪法更有弹性的解释才能够保住他的新政。

这一计划的反对声音甚嚣尘上，其中甚至包括许多罗斯福的民主党同僚。谢天谢地，这一法案遭到了拒绝，然而罗斯福对最高法院的威胁也许起到了效果。特别是有些人怀疑正是因为总统的压力，才让欧文·罗伯茨大法官突然在他的裁决中对政府友好了许多。不过最终罗斯福还是得到机会影响了最高法院，而且不是通过这种粗暴的干涉。在接下来的4年中，总统填补了最高法院7个因为辞职、退休和死亡而造成的空缺。

新的最高法院是什么样子？

当罗斯福影响了最高法院之后，新的法学精神是什么样子？考虑一下1942年"魏卡德诉费尔本"一案。最高法院裁决，一个在他自己的土地上种植小麦给自己用的农民属于"州际商业"的范围内，因此需要遵守宪法州际贸易条款下的联邦法规。在家种植的小麦,根据最高法院的说法:"提供了满足种植者本人所需要的产品,他本来会需要在公开市场上购买这些产品。在这个层面上,在家种植自用小麦就是在与市场上的小麦竞争。"所以如果有人为自己提供了小麦,因为他没有在市场上买小麦,所以影响了州际贸易。根据这样的标准,任何东西都应该是州际贸易——因此必须遵守联邦法规。

最高法院变成了将联邦行为合法化和将各州变为从属地位的工具。在1939年"库林诉华莱士"一案中,最高法院建议联邦政府可以将其权威延伸到几乎任何可能对"公共福祉"有贡献的领域。

> **教科书略去的一个引用**
>
> "我们建议拒绝这一法案,它毫无必要、白费工夫,且危险地抛弃了宪法诸原则……它的实际运用将会导致宪法成为政府的行政分支和立法分支想要的样子——法律解释将会随着每一个不同的政府而改变。我们必须断然拒绝这一措施,这样,类似的提案将永远也不会展现在美国自由人民之自由代表面前。"
>
> ——参议院司法委员会对罗斯福最高法院改造计划的评论

第二次世界大战将美国从大萧条中拉了出来吗?

如果不是罗斯福新政将我们从大萧条中拯救出来,那什么才是呢?一些人不得不承认新政的失败——其中包括许多教授——便说是第二次世界大战拯救的美国。二战在美国是一段伟大的经济繁荣期的看法已经变成了传统知识的一部分,甚至有人说战争将美国从大萧条中拯救了出来。这不是真的。如果这是真的,那么也许永远处于战争会是个好主意,想想看所有那些要去生产原材料、制造飞机、组装炸弹的人。

历史学家在战争期间获得的大量生产数据上大做文章,然而增加的大部分都是由于建设武装和军事设备,以及对军事人员支付的酬劳。这种生产并没有用来生产普通人所需要的东西,它让普通消费者境遇更糟,因为资本和其他资源都被调集到那些没有消费者会购买的东西上了。1943—1945年,劳动者中的2/5——包括军队、军队中的平民雇员、为军需工业工作的人和失业者——既没有生产消费品,也没有生产资本。当然,不仅仅如此,剩下来60%的劳动者所缴纳的税款都用在了资助那40%没有制造消费者所需物品的生产中了。所有这一切相加,等于物质财富的极大损失。

> **经济学家怎么说**
>
> 战争带来的繁荣就像一场地震或瘟疫所带来的繁荣一样。
>
> ——路德维希·冯·米塞斯

服兵役会减少失业!

失业率是真的消失了,这一点也不假。然而消失的主要原因是1 100万人加入了军队,大部分是征兵。不是很清楚这有什么可令人刮目相看的。正如罗伯特·希格斯解释的:"二战期间,政府相当于是把战前22%的劳动力拉进了部队。瞧,失业率降到了一个极低的水平。不需要宏观经济学模型就能明白个中缘由。"在健康的经济中，总是会需要更多的劳动力来生产更多的产品。然而，新政下的病态经济只有通过将 1/5 的劳动力征募进军队才能对失业问题有所改变。

与此同时，制造业的每周平均工作时间在 1940—1944 年间增加了 7 个小时，在沥青煤矿开采业中更是增加了 50%。获得人们真正所需的货品变得更艰难，有时候甚至是不可能的。在战争期间，没人能够买一辆新车、一栋新房子或大家电，因为政府完全禁止了这些产品的生产。还有许多其他的货品都要么买不到，要么非常难获取，从巧克力和糖到肉类、汽油和橡胶轮胎。正如经济学家乔治·莱斯曼作出的解释：

> 人们相信他们在第二次世界大战期间很繁荣，因为他们积累了大量没法花掉的收入——以货币和政府债券的形式。他们将这种对纸币财产的积累与真正的财富混为一谈。不可思议的是，大部分经济数据分析师和历史学家在衡量二战期间的生活水准时犯了同样的错误——以那个时代在很大程度上无法花费的"国家收入"来衡量人们的生活水平。

毋庸赘述，这并不是繁荣。最终结束大萧条时代的既不是经济方面的立法，也不是第二次世界大战。相反，是在战后回到正常秩序，和消除了在罗斯福时代一直让商业忧心忡忡的不确定性。这才结束了大萧条。要不是胡佛和罗斯福破坏性大又愚蠢的政策，繁荣本来会回归得更早。

第十二章　第二次世界大战的逼近

阿道夫·希特勒于1933年在德国上台，在此之后10年里，他单方面推翻了诸多一战末期《凡尔赛条约》加诸德国的条款。希特勒做了以下事情：

- 违反条约的裁军条款重新武装了德国。
- 重新武装了法国和德国之间的缓冲带莱茵地区。
- 将奥地利并入德国。

希特勒还以武力强迫西方接受他抢占捷克斯洛伐克德国人定居区苏台德地区的事实，并完全不顾西方国家的看法，继续占领了几乎整个捷克斯洛伐克。

当德国1939年开始向波兰提要求时——例如归还但泽市，英国人一直都认为失去但泽是德国人对《凡尔赛条约》最能理解的抱怨——英国和法国决定给予波兰人以致命的安全保证。因为英法两国的支持而大受鼓舞，波兰对于德国的要求坚决不让步，于是1939年9月1日，德国入侵波兰。实际上，英法两国都没有什么办法可以拯救波兰。到了第二年，希特勒已经在欧洲获得了不少胜利，不过他战胜的最主要的军事力量是法国。

在二战美国没有参战的近两年半里，富兰克林·罗斯福总统将自己塑造成不懈努力地不让美国卷入战争的形象。1939年战争一爆发，他就这么说，随着时间一月月一年年过去，他仍然这么说。1940年10月他就曾发表过著名言论："我以前已经这么说过，但我还要一次一次地重复：你们这群男孩子绝不会被派去外国打仗。""我们外交政策最首要的目的，"几天后他向美国人保证，"是不让我们国家卷入战争。"

这与事实大相径庭。罗斯福忙于向英国示好，刺激德国来攻击美国（然后还撒谎），以至少违反美国中立法案精神的各种方式来帮助英国人。根据国际法，这实际上已经让美国成为参战国之一了。

你知道吗？

1. 当罗斯福告诉美国人自己正在尽力让美国不卷入战争时，他一直试图在背后把美国拖入战争。

2. 罗斯福拒绝与温和派日本首相谈判的行为削弱了日本的温和派，并帮助日本军方掌权。

3. 许多杰出的美国人都反对战争：辛克莱尔·刘易斯[1]、

---

[1] 辛克莱尔·刘易斯：美国作家，美国历史上第一位诺贝尔文学奖获得者。

查尔斯·林德伯格[1]、H.L.门肯[2]、亨利·米勒[3]、约翰·菲茨杰拉德·肯尼迪[4]、赫伯特·胡佛[5]和杰拉尔德·福特[6]。

罗斯福试图让中立法案无效

为了让美国卷入战争,罗斯福得要克服两个主要的障碍:美国公众的意见和一个始终如一的中立法体系。到20世纪30年代,受访的70%美国人都认为美国卷入第一次世界大战是个错误。当1939年战争再次爆发时,美国人下定决心不插手大西洋对岸那些喜欢争吵的邻居的是非。

罗斯福的另一个问题是20世纪30年代讨人厌的中立法案。这些法案就是为了阻止美国被拉入战争,特别是极力避免那些将美国卷入一战的各种情况。因此,例如,美国人乘坐交战国船只时,一开始会被告知他们要自负其责,到了后期,中立法案甚至干脆禁止这样的旅行。中立法案还禁止美国向交战国出售武器。美国可以把其他产品卖给参战国,但只能现金提货、运输自理,运输也得通过购买国的船只来完成。美国船只不能进入交战区进行战时贸易。

---

[1] 查尔斯·林德伯格:美国飞行员与社会活动家,首位进行单人不着陆跨大西洋飞行的人。
[2] H.L.门肯:美国作家、编辑,1908年被任命为《时尚》的文学评论家。
[3] 亨利·米勒:美国作家,代表作品包括《北回归线》和《南回归线》,给先锋派文学带来巨大震撼,在美国出版后一度成为禁书。
[4] 约翰·菲茨杰拉德·肯尼迪:美国第35任总统、美国历史上唯一一位获得普利策奖的总统。
[5] 赫伯特·胡佛:美国第31任总统,二战时曾反对援助苏联对德作战。
[6] 杰拉尔德·福特:美国第38任总统,美国历史上第一位未经过选举就接任副总统和总统之人。

罗斯福企图改变中立法案中阻止美国将武器卖给交战国的法律。因此，到了 1939 年时，参战国（这里说的是英国）能够以现金提货、运输自理的方式从美国获得武器。禁止借钱给参战国的法律仍然得到了保留，要求设备通过参战国自己的船只运输意味着美国船只将不会暴露在危险中。

帝王式总统逐步形成：罗斯福犯了法吗？

即使在希特勒放弃了入侵英国的计划之后，罗斯福仍继续为英国提供支援。1940 年 9 月，罗斯福给了英国政府 50 艘美国驱逐舰，以交换英国西半球几个军事基地的 99 年租约。这一行动十分重要，但记者问到协议内容时总统却不怎么坦率。它需要得到国会的同意吗？总统回答："已经谈完了，已经了结了。"协议有哪些细节呢？总统的回答其中包括"在座诸位都不可能理解的各种事务，所以我就不多说了"。总统也从来没有透露，这一协议其实有可能激怒德国，使其希望对付美国。助理国务卿布雷肯里奇·郎在日记中写道："德国人很可能强烈反对这一协议，并向我们宣战。"他还说国务卿科德尔·赫尔："意识到了这一点——还特意说明他意识到了，还说总统也知道这一点。"

一部分专家指出，罗斯福的行为是不合法的。根据耶鲁大学国际法专家埃德温·伯查德的说法，"宪法有一种默契，在涉及非常重要的协议时，特别是涉及战争与和平的问题时，不能只由行政系统来做决定"。在回应司法部长罗伯特·杰克逊对罗斯福行为的造作捍卫时，杰出的政治学专家爱德华·柯文说出了自己的好奇："为什么不干脆让总统的'行政权力'将所有那些特别指定给国会的权力都扔到一边,别再废话,让美国干脆变成极权国家了事?"做了很久民主党纽约州参议员的丹尼尔·帕特里克·莫尼翰就在《各国法律谈》(1992年版)中写道,罗斯福"实际上推翻了法律"并"很显然应该受到弹劾"。罗伯特·薛冈的《艰难的交易》(1995)全书320页纸都在研究这一个交易,他论证道,罗斯福在没有国会的同意之下签署这一协议的行为,永远地改变了美国总统这一职位,为更加活跃的总统和他们对国会或人民担负越来越少的责任奠定了法律基础。

中立的结束

1941年3月《租借法案》颁布。美国可以将船只和其他军事设备借给参战国(主要是借给英国和中国,后来还借给苏联)。到了这个时期,1939年引入的现金提货运输自理条款对英国而言已经没有用处了,因为英国现在没有现金购买军备。《租借法案》从技术上讲注意到了保持中立所需的要求,因为这一个法案又没有涉及借钱的问题,虽然似乎它完全忽视了之前提出的对战争物资现金结算的要求。

随后的几个月,美国离中立越来越远。1941年4月,美国海军开始在大西洋巡逻,好警告英国战舰德国潜艇的存在。7月,美国军队占领冰岛。罗斯福和丘吉尔8月的大西洋会议不顾美国并没有参战的现实,发布了事实上的战争目标声明。

罗斯福试图将美国拉入战争

很明显,罗斯福不顾一切地想要让美国参战。1941年9月4

日，一艘德国潜艇用鱼雷炸了格里尔号。根据罗斯福的说法，这艘美国战舰是基于和平目的要送信件去冰岛。总统声称，这是一种无法容忍的"海盗"行径。然而实际上发生的情况是，格里尔号已经追踪德国潜艇几个小时了，一直在向英国空军通报它的位置，然后英国空军向潜艇投了深水炸弹——而格里尔号也投弹了。温斯顿·丘吉尔跟自己的助手私下说，罗斯福总统对他清楚地表明想要更加具有煽动性，用丘吉尔的说法是："所做的一切都是为了激起事端。"

罗斯福通过欺骗性手段试图将自己的国家拖入战争这一点得到了大部分人的承认——显然，大部分教科书作者除外。一本流行的教科书对于"格里尔号事件"的所有讨论只有这么简单的一句话："对美国战舰的第一次攻击发生在9月4日，一艘德国潜艇向一艘驱逐舰发射了两枚鱼雷。"

实际上，希特勒要求自己潜艇的船长不要向美国军舰开火，他十分清楚正是这类攻击给了美国以参与第一次世界大战的口实。一周后，罗斯福下令美国战舰一旦发现德国潜艇便开火。总统宣称自己没日没夜地想要让美国不被卷入战争的努力到了这一刻已经变得荒唐。他继续指责德国，这一次是10月德国人对科尔尼号的攻击，但这一次又是这艘美国军舰先开火的。10月末，恼怒不已的罗斯福试图通过宣称自己手上握有纳粹进攻南美计划的"秘密地图"来吓唬美国民众。要是德国占领了南美，就能够发动对美国的进攻。他们认为美国人应该相信希特勒这支连英吉利海峡都无法渡过的军队，会蓄势待发横跨大西洋占领一整个大洲。很少有美国人会相信这种可能性，他们的直觉也是对的：整件事都是罗斯福编出来的。

有人说罗斯福向美国人撒谎是正当的。此类论证是这么说的：美国公众太过于短视，无法理解纳粹德国的威胁之大。罗斯福传记的作者约翰·T. 弗林在 1948 年回应了这种论证："（如果）罗斯福有权这么做，那么谁又没权利这么做呢？什么时候我们就应该停止，不再要求领袖们对我们诚实而真挚呢？"

"历史学家热衷于痛恨的那些人"单元：美国优先委员会

美国优先委员会（AFC）并没有得到历史学家毫不犹豫便给予的审判。支持美国优先的人想让美国人不要参与另一场野蛮的欧洲战争。思考一下后来被《纽约时报》军事专家汉森·鲍德温所采纳的观点吧，他在 1949 年《战争的大错》一书中写道：

> 毫无疑问，英国、美国和全世界的利益所在就是允许——实际上还鼓励了——世界上两大独裁政权互相斗争，直到各自都疲惫不堪。这样的斗争结果将会削弱共产党和纳粹，只会有助于建立一个更加稳定的和平状态。

敌对的学者们很少会指出的一点是，有那么多杰出而受人尊敬的美国人都参与或同情美国优先委员会，不论他们是左派还是右派。

当时还很年轻的约翰·F. 肯尼迪给美国优先委员会寄了捐款，附言是："你们所做的一切至关重要。"未来的总统杰拉尔德·福特在耶鲁法学院时被形容为是美国优先委员会的"热情征募员"。委员会历史最高的会员人数超过了 85 万人，还有几百万同情者。

罗斯福对美国优先委员会展开了恶毒的攻击，他不断地求助于联邦调查局和国税局。委员会成员发现自己的电话被监听,有些甚至不得不面对大陪审团。没有人找到罗斯福所谓的在美国潜伏的纳粹"秘密特工",总统下令联邦调查局仔细搜查美国优先委员会受到纳粹资助的证据也无功而返。奇怪的是,那些在乔·麦卡锡20世纪50年代追查共产党和共产党同情者时无比困扰的纤细灵魂,在谈到罗斯福政治迫害受害者时却怪异地保持了沉默。

反战的美国优先委员会成员名单

谢伍德·安德森

查尔斯·比尔德

卡明斯

西奥多·德莱赛

杰拉尔德·福特

赫尔特·胡佛

约翰·F.肯尼迪

辛克莱尔·刘易斯

查尔斯·林德伯格

爱丽丝·罗斯福·朗沃思(西奥多·罗斯福的女儿)

汉福特·麦克奈德(美国退伍军人协会前主席)

埃德加·李·马斯特斯

H.L.门肯

亨利·米勒

凯瑟琳·诺里斯

> 戈尔·维达尔
>
> 罗伯特·伍德（希尔斯—罗巴克集团主席，威尔逊总统任内陆军总军需长）
>
> 弗兰克·罗伊德·莱特

罗斯福是否令对日战争变得不可避免？

即便1940年日本的确加入了德国和意大利签署的防御性的三国轴心条约，二战的亚洲战区与欧洲还是截然不同的。在20世纪30年代早期，美国的确竭尽所能避免卷入日本事务。赫尔特·胡佛就在日本于1931—1932年间占领中国东北时保持了不干涉，表示没有什么关键的美国利益可能受到侵害，因此他不想为此牺牲美国人的生命。另外，既然日本人争论说，他们需要一个安全缓冲带来对抗斯大林，因此除非美国对日本全面宣战，否则不太可能将他们赶出东北。罗斯福对太平洋地区的看法则更具有干涉性。1937年，当日本和中国开战时，罗斯福清楚地表达了对日本人的不满，甚至还授权销售武器给中国（他成功避开了中立法案，因为只有当总统宣布在某个特殊地区有战事发生时，禁止向交战各方销售武器的禁令才会生效。罗斯福就这么坚持不官方承认中国有战事发生）。

随着日本人暴行的继续，日本开始将其影响力扩展到整个太平洋地区，特别是朝鲜和印度，罗斯福决定采取积极措施抵抗日本的扩张。到1941年，他不仅冻结了日本在美国的资产，还组织抵制了日本需要从国外购买的那些关键货品，特别是石油。通过切断运输到日本的石油线，罗斯福极大地增加了美国与日本终有一日开战的可能性。但他从来没有向美国人民解释自己政策可能导致的结果。

日本人本来有三种方式来解决灾难性的禁运。一种是屈服于美国人的要求，然后丧失颜面。另一种是谈判，然而尽管美国驻日大使约瑟夫·C.格鲁认为谈判会成功，罗斯福还是拒绝了。"我们大使馆的人，"格鲁随后写道，"毫不怀疑日本首相在他与总统的会面中（后来却没成），一定会答应最终将日本所有军事力量从印度和中国撤出，为了保留颜面，只会权宜地要求获准在中国北部和内蒙古维持有限数量的部队。"华盛顿拒绝了这一选择。而最后的可能解决方法就是战争：日本人可以通过扩张到英国和荷兰殖民地进一步深入太平洋地区，他们可以从殖民地获取所需的资源。但日本首先必须得摧毁美国在珍珠港的海军基地。日本人押上赌注，赌在这些前线的迅疾攻势将会有所回报。日本首相近卫文麿下台，1941年10月16日被东条英机所取代（他之前是战争部长）。

对政府官员们来说，战争似乎显得越来越不可避免。作战部长亨利·斯廷森在他1941年11月25日的日记中写道，问题现在归结为如何"巧妙地推动他们（日本人）到达首先开战的位置"。政府正"竭尽全力通过日本的后门让我们参战"。美国前总统胡佛1941年如是说。

美国人都知道，第一枪是1941年12月7日打响的，日本攻击了夏威夷珍珠港的美国海军基地，超过2 000名军人和平民死亡。第二天，美国对日本宣战。几天之后，阿道夫·希特勒匆忙向美国宣战。美国正式参加了第二次世界大战。

第十三章　第二次世界大战：后果和余波

同盟国在付出了5 000万条生命和不可想象的破坏的代价后赢得了第二次世界大战。德国、意大利和日本被击败，这是当然，他们的法西斯和军国主义政府被推翻。但是当我们思考同盟国最初的目标时，战争结束时的胜负关系仍然很模糊。

波兰——英国和法国正是为了拯救波兰而参战的——虽然被从纳粹暴君希特勒手下解放，但又被转而交给了斯大林。到1948年时，捷克斯洛伐克这个10年前因为被德国占领而引发那么多愤怒的国家，也同样稳稳地被纳入苏联的势力范围。大量的犹太人被从纳粹集中营里解救出来，这让任何一个文明国家的人民都欢欣鼓舞，松了口气，然而，当同盟国在对希特勒之战的胜利来临之前，大部分犹太人便已经惨遭不幸。

在战后几乎50年里，美国和英国发现，与斯大林同一阵营所要付出的代价是，必须得接受一个敌对（到1949年时拥有核武器）的苏联。令美国和西方与苏联对立的冷战导致了万亿美元的军事开支、全球各种大大小小的战争、美国宪法的扭曲，以及核毁灭的威胁。

> **你知道吗?**
>
> 1. 在新泽西州迪克斯堡,200名俄罗斯人受到催泪弹攻击,被迫登上苏联战舰返回苏联。
>
> 2. 马歇尔计划并没有让欧洲重整旗鼓,做到这一点的是自由市场。

罗斯福和乔叔叔——罗斯福和斯大林到底有多友好?

自从1941年下半年,罗斯福就在自己偏袒苏联的各种评论中体现出严重的无知、故意的欺瞒或者是彻头彻尾的撒谎。例如,当年的11月,他声称在苏联,宗教信仰自由是一项基本的权利,而他其实非常清楚在彻底的无神论共产主义政权下,宗教信仰自由实际上已经不复存在了。在罗斯福正要在1943年的德黑兰和会上与斯大林和温斯顿·丘吉尔会面之前,前美国驻苏联大使威廉·布里特坦率地告诉罗斯福,关于苏联政权和斯大林本人的真相,罗斯福的回应是:

> 比尔,我并不打算反驳你的事实,它们都很准确,我也不会反驳你理论的逻辑。我只是有种直觉,斯大林不是那种人。哈利(霍普金斯)说他不是,他除了想要为自己国家争得安全以外什么都不要。我想,如果我尽我所能给他一切,并不向他索要任何东西,位高则任重,他就不会随意强占其他东西,会与我一起共建一个民主和平的世界。

正是在德黑兰会议上，罗斯福建议东欧各国政府应该要对苏联"友好"，但是他要求斯大林不向外界透露这一让步，因为他不想冒险失去1944年选举中波兰裔选民的票——"作为一个讲求实际的人"，罗斯福"不希望失去他们的选票"（就在德黑兰会议之前不久，罗斯福曾经在与纽约州大主教弗朗西斯·斯佩尔曼的会面中荒谬地宣称波兰东部人民"想要成为俄国人"）。他还在提到爱沙尼亚、拉脱维亚和立陶宛——这些斯大林正通过强力吞并进入苏联的波罗的海国家——时，说他"自己非常有信心那里的人民将会投票加入苏联"。斯大林可从来没费工夫问问这些人民的态度。

在1944年5月刊登在《周六晚邮报》上的一篇获得罗斯福许可的文章中，福利斯特·戴维斯如此形容总统的谈判立场：

> 他政策的核心是让斯大林消除疑虑。我们看到，在德黑兰就是如此。斯大林格勒战役之后美国的艰难外交一直都贯穿了这一原则……假设斯大林不顾所有这些让步，最终证明他是不可能被讨好的……罗斯福押下的赌注对任何政治家而言都异常巨大。他在赌苏联需要和平，也愿意付出与西方合作的代价来获得和平。

在1945年2月的雅尔塔会议上，三巨头第二次会面。斯大林基本上获得了他想要的一切，包括英美不干涉东欧的一切事务。罗斯福的心腹助手哈利·霍普金斯告诉总统："俄罗斯人在这个会议上给了我们那么多，我觉得我们不应该让他们失望。"俄罗斯人同意的是，他们在提议的联合国中只要3个席位而不是他们最初要求的16个席位（还真大方啊）。斯大林在联合国的相关问题上比较乐见其成，因为他看出了罗斯福对联合国的重视，也意识到如果他在这个对他而言并不重要的问题上表现出愿意让步的姿态，就更有可能在其他问题上获取美国的让步。

参与了雅尔塔会议的海军上将威廉·莱希之后告诉罗斯福，大家所同意的那些安排"太有弹性了，俄罗斯完全可以把它从雅尔塔一直拉到华盛顿也不会从技术上破坏它"。罗斯福抗议说那是"我能够争取到的最好结果"。罗斯福的捍卫者们通常会争论说，总统对东欧地区因为德国失败造成权力真空而倒向共产主义的状况是束手无策的。但当理查德·艾伯林教授作出结论时，他恐怕是发现了问题："基于罗斯福对红衣主教斯佩尔曼和其他美国人的评论，以及总统在德黑兰会议上明确地任由斯大林主宰波兰和波罗的海国家，实际上罗斯福真的根本不在乎这些国家的人民能否得到更多权利。"社会学家罗伯特·尼斯贝特在他的《罗斯福和斯大林》一书中也论证到，雅尔塔会议特别是《关于被解放的欧洲宣言》对斯大林的影响是，为他征服东欧提供了道德、立法支持。

为了说服斯大林参与对日本的战争，罗斯福允许苏联控制中国东北，而正是中国东北在20世纪30年代早期因为被日本占领而激发了美国干涉主义者的怒火。在中国东北，斯大林能够为中国共产党提供安全避风港，并用缴获的日本军火武装他们。在雅尔塔会议之后，罗斯福继续对斯大林抱有乐观态度（或"乔叔叔"，这是美国总统对斯大林的爱称）。他怀疑斯大林早期的一些神学训练——乔叔叔曾经短暂地尝试过做俄罗斯东正教神父——肯定一直伴随着他。"我想有些东西进入了他的灵魂，那些关于一个基督教绅士该如何行为的东西。"罗斯福说。

　　白宫对斯大林的偏爱延续时间比人们所意识到的要长得多。罗斯福1945年4月去世，代替他的是副总统哈里·杜鲁门，人们通常认为他比罗斯福更怀疑苏联。但是当1946年温斯顿·丘吉尔在密苏里州富尔顿发表他著名的"铁幕"演讲，强调苏联统治东欧导致了人类自由被剥夺时，杜鲁门却向斯大林道歉，还提出要请他来美国反驳这一说法。

> 一本你未必看过的书
>
> 　　《罗斯福和斯大林：失败的追求》[1]，罗伯特·尼斯贝特著，华盛顿特区：瑞格纳瑞之门出版社，1988年版。

美国总统们将100万俄罗斯人送还给了斯大林

　　最糟糕、最颜面尽失的安抚斯大林例证之一便是"严惩行动"。作为1945年《雅尔塔协定》的一部分，英美军队从德国集中营中释放的俄罗斯战俘被遣返回苏联，正如被苏军解救的英美战俘也被送回各自国家一样。但与英美战俘不一样，俄罗斯战俘并不想回家。必须得强迫或哄骗他们才行。有些俄罗斯人曾经穿上了德国军装，为把斯大林赶出自己的国家而战，更多的人则是这些人的同情者。虽然这一决定可能会让一些读者不安，但肯定不会比为什么丘吉尔决定要和斯大林结盟对付希特勒更难理解。俄罗斯战士想要把共产

---

[1] 本书英文名为：Roosevelt and Stalin: The Failed Courtship。

主义赶出他们的国家。为了讨好斯大林，罗斯福和接下来的杜鲁门背叛了至少 100 万反共的俄罗斯人，将他们交给了苏联统治者。

遣返俄罗斯战俘后来变成了一种恶心而恐怖的过程。有些人宁愿自杀也不愿意回去。全世界几乎没人知道到底发生了什么，然而一些细节还是泄露了出来。

> **我们的政治家怎么说**
>
> 罗斯福"告诉我，他并不在乎那些与俄罗斯接壤的国家是否会赤化"。
>
> ——美国驻苏联大使阿维利尔·哈里曼，1944 年 5 月

美国本土的一桩暴行：俄罗斯人被下药然后遣返回家

虽然大部分俄罗斯战俘都在欧洲，"严惩行动"并没有局限在欧洲，美国本土也进行了这项行动。在 1945 年年中，共有大概 200 名苏联国籍的战俘在新泽西的迪克斯堡。当美国人抓住他们时，他们正穿着德国军装。当美国人俘虏他们时，曾经承诺在任何情况下都绝不会将他们遣返回苏联，回去等待他们的只有死亡。美国总统为了忠诚于乔叔叔，撕毁了这一承诺。根据历史学家朱利叶斯·爱泼斯坦的说法，这些人"已经经历过美国军方权威违反《日内瓦公约》（一项有关如何对待战俘的国际公约）和传统美国政治庇护权的决心"。爱泼斯坦指的是发生在西雅图的一个事件，这些人被枪指着登上苏联战舰。当俘虏们激烈地反抗之后，人们决定将他们运到迪克斯堡后再处置。

在迪克斯堡，又有一次强迫这些人返回苏联的尝试。他们被催泪弹熏，然后被迫登上苏联战舰，那时，这些不能动弹的人竭尽全力反抗，甚至开始破坏船只的引擎，直到这艘船无法航海。最终，一个军士想出给战俘们下药的主意，他在他们的咖啡里下了巴比妥酸盐[1]。在由于药物引起的昏昏沉睡中，这些人最终被遣返回苏联。

当爱泼斯坦尝试着获取现存的关于这一事件的政府记录时，他首先遭遇了否决。最终，他收到了一封陆军部信息和教育行政办公室的信，指示他："你要求获得许可查阅的记录……属于一批文件，最近一项研究决定这批文件必须无限期保持其现有的高安全等级。"

还没有人写过关于"严惩行动"的大事记，因为犯下此等违背良心行为的各国政府都拒绝公布相关文件。

> **媒体怎么说**
>
> 　　根据《雅尔塔协定》，数以万计反对苏联现政权的人士被美国和英国政府强迫遣返回苏联。红衣主教尤金·梯司朗今天证实了这一点，他说天主教会不断地收到因为害怕被送回如今被俄罗斯控制领土的"流亡者"的呼吁。红衣主教允许本文作者（记者山姆·波普·布鲁尔）引用他的话："这会让我陷入险境，但是全世界必须知道这些情况。"
>
> 　　　　　　　　　　　　　　——《纽约时报》，1946年3月

---

[1] 巴比妥酸盐：一类作用于中枢神经系统的镇静剂。

马歇尔计划,成功还是失败?

在冷战前期历史中一个长久以来的神话就是所谓的"马歇尔计划",它是由国务卿乔治·马歇尔在1947年提出的。因为西欧的经济遭受毁灭,一些美国决策者建议,必须大量注入援助才能让这些经济体复苏。另外对这一计划还加上了个反共的理由:既然共产主义被认为会在贫穷和绝望的条件下焕发勃勃生机,那么西欧经济一旦得到恢复,就能削弱共产党宣传在那一区域的吸引力。

事实是,这一计划和其他所有政府资助计划一样作用不大。法国、德国和意大利在马歇尔援助还没发放之前经济就已经有所恢复。奥地利和希腊获取了人均较高的马歇尔援助款,却一直到结束援助之后才开始恢复。英国得到了高于德国两倍的马歇尔援助款,然而英国的经济增长在接下来的10年里比德国慢得多。

联邦德国战后经济恢复是爆炸式的,实际上德国人甚至为此专门造了一个词——"经济奇迹"——来描述它。自然,马歇尔计划的宣传者也试图将联邦德国的经济奇迹归功于这个计划。但导致这一经济奇迹绝不是马歇尔计划的援助,而是德国引入的市场改革。

的确,一些类市场经济的回归为欧洲的繁荣作出了贡献。正如经济学家泰勒·考恩所指出来的:"在几乎每一个二战期间被德国占领的国家里,严格的纳粹经济控制体系在这些国家被解放之后仍然被延续了下来。在每一个国家,迅速的经济增长都是在取消控制、建立合理的经济政策之后才发生。"马歇尔援助有时候所起的作用是延缓了那些受援国若得不到援助本将会不得不采取的措施,然而,只要美国的金钱继续注入,这些措施就会被无限地拖延下去。

马歇尔计划的灾难性后果

马歇尔计划的真正遗产是它启发了美国在 20 世纪对外援助项目的错误方式。从杜鲁门的"四点计划"开始的对外援助都以注资穷国经济的马歇尔计划成功施行为基础,因此,对于第三世界的贫困问题,最恰当的回应就是用类似的方法。

正如经济学家彼得·鲍尔所指出的那样,这些西方援助计划对于第三世界来说,已经被证明是灾难性的了。正如马歇尔计划一样,这些援助的形式是政府对政府的补助金,因此它们反而加固了世界上一些最残酷、最压迫性政权的根基。多亏了美国和其他西方国家的援助,这些政权无需进行市场化改革就能够繁荣起来。韩国和智利、台湾这些国家和地区都是到了美国援助即将结束时才开始经济改革,这并不令人惊讶。结果是,它们终于繁荣了起来。援助还制造了混乱甚至是暴力,因为相互竞争的利益集团和不同民族的人为了获得补助金,都拼尽全力要获得国家机器的控制权。

马歇尔计划给人的印象是,外部资金注入是一个国家繁荣的必要条件。它应该传达的信息本应是,繁荣只有通过市场秩序赖以生存的法治、尊重私有财产和其他制度性机制才能实现。

香港就是很好的例子。这块弹丸之地缺乏土地和水资源,没有本地的能源(如煤炭和石油),也没有多少原材料,香港看上去简直就是典型的需要外国援助才能繁荣的社会。

然而,香港拥抱了自由市场,最终创造出无比成功的出口行业,到了 20 世纪 80 年代,就连英国和美国都开始要求香港限制出口,因为英美都很难与之竞争!

马歇尔援助鼓励"资本主义"的这种传说源远流长。事实是，这一计划是由税收来支撑，而税收本来就是非市场的体制，因此从一开始就值得怀疑。想想看，马歇尔援助给予受援政府的每一美元，那个政府都被要求将这一美元投入公共工程和"投资"项目。因此马歇尔援助的直接影响是将资本从私人行业拿出来扩张公共行业和受援国的国家机器——不太像是"资本主义"的配方。

> **德国重新站起来的真正原因**
>
> 我们决定重新引入自由经济的旧规则，那些自由竞争的规则。我们基本上是消除了对分配、价格、薪酬的一切控制，用一个以金钱主导的价格机制取而代之。
>
> ——德国经济部长路德维希·艾哈德

杜鲁门蔑视宪法

1947年，作为一个协助因国际颠覆和外部侵略而有受共产主义阵营控制危险的国家一揽子策略的一部分，杜鲁门号召支援希腊和土耳其。这个策略后来以杜鲁门主义著称。许多保守派如参议员罗伯特·A.塔夫特（他那时被称为"共和党先生"）便尖锐地批判了杜鲁门的方针。这一方针不仅有可能将美国卷入全世界无数争端之中，在他看来，它其实基于某种恐慌和歇斯底里，不是理性而清醒地判断苏联的能力。对于这些总想着省钱的保守派而言，杜鲁门的政策看上去也太自由主义了点：乌托邦、不现实、部分倾向于大政府，且完全不考虑开支。

谁授权的朝鲜战争，是美国国会还是联合国？

1950年，朝鲜战争爆发，美国参战。虽然1950年1月国务卿迪恩·艾奇逊的公开声明中将朝鲜划出了美国防御范围，但是杜鲁门还是决定派美国军队参战。更重要的是，杜鲁门认为自己并不需要国会的宣战才能授权自己派军队去参加一场联合国授权的、被他称为"治安行动"的战争。

这正是30年前伍德罗·威尔逊的对手们所害怕的：一位总统将自己的国家卷入战争，却不用履行其宪法职责先咨询国会，以他对于国联（在这里则是联合国）的责任为借口将国会的磋商变得多余（既然杜鲁门说了，即便联合国没有授权，他也还是会派军队，他就是在宣称自己无需得到任何人或任何组织的授权就有权将部队派到世界的任何角落）。

共和党先生塔夫特参议员反对总统的一意孤行。塔夫特说，杜鲁门总统"既没有与国会磋商，也没有获得国会的许可就宣战……就我看来……我要说如果没有国会的某些行为，就不存在为了支持联合国而派遣军队的任何权威"。

实际上，自从朝鲜战争以后，国会就再也没有正式宣战过了。这就是与共产主义的较量改变美国的一种方式，也许是永远地改变了。

第十四章 公民权与种族歧视

20世纪50—60年代民权运动的历史性观点，不可避免地会关注那些众所周知的事件：罗莎·帕克斯和蒙哥马利抵制公交事件；小石城中心高中的强行合并事件；1963年伯明翰的废除种族隔离运动以及其他一些重要的事件。这一章则会关注民权运动的法律后果，这一方面人们知之不多，但已经被证明是同样重要的。

1896年标志性的普莱西诉弗格森一案为美国法律体系引入了著名的"隔离但平等"的原则。根据该案的裁决，宪法第十四修正案要求各州将平等的法律保护扩展到所有公民，但并不意味着白人和黑人被允许使用同样的设施。只要黑人和白人所分开使用的设施是同等的，那么该州就与第十四修正案的要求相符合。

当美国最高法院在1954年对取消学校种族隔离作出裁决时，他们应该要诉诸的司法先例应该是这个案子。大法官们显然对于要宣布种族隔离的学校——这样的学校在整个南方都依法存在——违宪而十分不安。但最高法院不能简单地论证第十四修正案的保护条款禁止了种族隔离的学校。因为首先，最高法院在普莱西一案中裁决这一条款并未禁止种族隔离；其次，起草并通过了第十四修正案的同一个国会也批准了哥伦比亚特区的种族隔离学校体制。如果有人应该明白这一修正案的意图，那么就应该是这些投票批准它的人。得要找到其他的论证途径才行。

> **你知道吗？**
>
> 1. 教育部1983年的一项测评中，最后没有一个研究能够证明不同种族合校上课对黑人的教育成就有任何值得称道的效果。
>
> 2. 在加州州立大学评议委员会诉巴克一案中，阿兰·巴克没有进入医学院，顶替他的学生后来被加州医疗委员会停职，因为他"无法完成医师所必需的一些最基本职责"。

> **教科书遗漏的一句引言**
>
> 我有可能用了"狗屎"这个词。
> ——美国全国有色人种协进会律师杰克·B.韦恩斯坦评论
> 肯尼斯·克拉克的"洋娃娃研究"

不谈法律，谈谈社会学

全国有色人种协进会（NAACP）的律师们采取的论证方式是运用社会学数据来说明种族隔离的学校从根本上说是不平等的，因为他们给黑人灌输了低人一等的感觉。他们特别引用了社会学家肯尼斯·克拉克的一系列研究来支持种族隔离学校对于黑人自尊心的负面影响。他们给种族隔离学校的黑人学生们展示了一个白人洋娃娃和一个黑人洋娃娃，并问学生们更喜欢哪一个。当大部分黑人学生表示他们更喜欢白人洋娃娃时，克拉克作出结论说，种族隔离学校制度降低了黑人的自尊心。

然而克拉克并不十分诚实。因为到1954年时，他就已经从自己对马萨诸塞州学生的研究中得知，种族合校的黑人学生比南方种族隔离学校的黑人学生更倾向于选择白人洋娃娃。但他并没有将这一信息提供给最高法院。

不管洋娃娃研究的价值何在，这一研究已经达到了他们想要的效果。最高法院裁决种族隔离学校体制违宪，论证说普莱西案中隔离但平等设施的条件在教育中无法实现。法院认为种族隔离的学校从根本上并不平等，因为在教育中将不同种族隔离开来的行为本身就会对黑人学生造成伤害，让他们有种低人一等的感觉，而这种感觉又会对他们的学习能力造成负面影响。最高法院为避免被人指责而厚脸皮地否认了司法先例，便宣称那些对普莱西一案作出裁定的大法官们不可能得知"现代权威"现在公之于众的关于隔离对黑人学习能力影响的社会学信息。正如最高法院所述："在公共教育领域没有'隔离但平等'原则的容身之地。区分种族的教育设施从根本上是不平等的。"

在布朗案所引用的社会学研究结论，在随后的数年中都被知识分子当作普遍的看法。然而，20世纪早期中国和日本学生由于加州立法而被隔离学习时，他们却比白人学生表现得更优异。他们为什么就不会受到缺乏自尊的影响呢？另一些研究也标明，自尊和教育表现之间并不存在关联。例如，在一项不同国家13岁孩子的数学技能研究中，韩国学生获得第一，而美国人落在最后，然而，当被问到是否觉得自己"数学很好"的时候，只有 23% 的韩国人这么认为，却有 2/3 的美国学生认为自己数学很好。美国学生有很多自尊，却比接受调查的任何其他国家学生更缺少数学知识。

布朗案有必要吗？

学者们甚至开始建议，布朗一案的裁决对于种族融合并非必要。根据保罗·克雷格·罗伯茨和劳伦斯·斯特拉顿的说法：

> 1944 年 7 月一项对大学生的调查显示，68% 的人赞同"我们战后的政策应该结束对高中、学院和大学里黑人的歧视"。佐治亚州开明的州长埃利斯·G.阿诺尔在 1945 年成功地撤销了人头税，由此为黑人投票权推倒了一个障碍。1947 年杰基·罗宾森[1]在棒球中突破了种族藩篱，而像莲娜·荷恩这样的黑人娱乐明星越来越有机会进军好莱坞和百老汇。为了回应杜鲁门民权委员会的报告，那些普通人——如新泽西州蒙特克莱尔的公民们——就制作社区清单来曝光和挑战当地的种族隔离。红十字会在 1950 年消除了捐血者的种族分类。俄克拉荷马州的高中生们无视传统偏见，在 1952 年 1 月选举了一位 17 岁的黑人孩子来领导该州的基督教青年俱乐部。

迈克尔·克拉尔曼在《美国历史杂志》上撰文提供了更多这一风潮的例证。他讨论了 20 世纪 40 年代一些黑人在大量白人的支持

---

[1] 杰基·罗宾森（Jakie Robinson）：美国职棒大联盟史上第一位非裔美国人。

下获选当地警察官员的事例,还引用了调查数据说明南方对于种族合并的交通设施和种族融合的其他形式不断增长的支持态度。正因为这些原因,再加上其他因素,克拉尔曼才能得出结论:"布朗一案并非挑战当时种族状况必不可少的推动。"

从种族中立到过于纠结种族

但接下来还有比布朗一案影响更加广泛的裁决。1968年最高法院作出了对格林诉新肯特郡学校委员会一案的裁决。这个案子牵涉到一个弗吉尼亚州的学区,学区有个"自由选择"体系,所有学生不论自己选择去上哪所学校,都会提供交通工具给他们。现实是没有白人孩子决定去上黑人的学校,也只有少部分黑人学生选择去上白人学校。

学区认为他们遵守了最高法院对布朗一案的裁决,因为他们提供了去上学的交通而并未考虑种族问题,至于人们有没有真正利用这一政策则没有关系,他们有选择学校的机会,大家都以为有这个就够了。然而在1968年格林一案的裁决中,最高法院却裁定,涉及学校的时候,种族融合项目的评估标准不是提供了多少机会,而是获得了何种结果。如果各种族仍然被隔离开来,那么这一学区就得为违反了种族融合的要求而负责,不管它有没有给所有学生提供上自己想上的任何学校的机会。

有些人论证说,格林一案代表了对在布朗一案中所运用原理的根本背离。布朗一案代表的是要求各学区在分派学生去学校时不考虑种族因素的消除种族隔离方式,而格林一案则是过于纠结种族问题的种族融合方法。不过在格林一案中所采取的论证已经暗含在布朗案中。根据布朗裁决，令种族隔离学校从根本上低人一等的原因就在于黑人没有白人同学。15年之后的格林案几乎只是延续了布朗案未完成的部分。现在，完全靠自愿的方式来造成种族融合的尝试并未达到想要的结果，格林案的判决似乎是在说不能够排除强迫手段。底线是，为了保证不同种族的教育平等，必须要有种族融合的学校。格林一案只是更直接地指出必须要做的：违背家长的意愿，强迫他们将孩子送往由各州选定的学校。

> **回忆：黑人质疑布朗案裁决**
>
> 黑人作家佐拉·尼尔·赫斯顿[1]写了《凝望上帝》和其他小说。她拒绝因为布朗案而欢欣鼓舞。她没法为她形容为"一个专门给那些想要跟我建立联系又不希望我靠近他们的人的法庭令"而热情万分。法院的论证——全黑人的学校从根本上低人一等，而黑人只有在有白人在身边时才有可能成功——让她觉得"很冒犯而不是尊重"她这个种族的人（"我总是因为这事而惊叹不已，"最高法院大法官克莱伦斯·托马斯1995年曾经如此观察道，他与赫斯顿想法一致，"这些法院竟然如此愿意假设任何主要由黑人构成的团体都肯定低人一等"）。调查显示，只有半数南方黑人赞同法院的裁决。

---

[1] 佐拉·尼尔·赫斯顿（Zora Neale Hurston）：美国小说家，黑人民间传说收集研究家，人类学家，20世纪美国文学重要人物之一。

让我们逼这些孩子在一起吧——即便他们每天要坐两小时巴士也在所不惜！

为了实现这一点，最臭名昭著的手段之一就是强迫用公共汽车接送学童，最高法院在1971年斯万诉夏洛特·梅克伦堡教育委员会一案中支持了这一做法。虽然斯万一案的裁决希望的是在曾经立法要求学校实现种族隔离的南方推行强制公共汽车接送，后来的法院裁决则明确表明这样的公共汽车接送也可以强加给那些历史上从来没有官方歧视黑人的北方校区。全国各地的父母们——从波士顿到丹佛再到洛杉矶——发现自己的孩子被用公交车满城送，就是为了实现某个社会工程师的计划。在洛杉矶，公共汽车接送的学童平均每天要花两小时在公交车上。

强迫公交接送的结果是什么？

绝大部分的白人家长都强烈反对公交接送，支持公交接送的黑人家长也比反对的黑人家长多不了多少（而黑人家长们在经历了公交接送之后也常常改变主意）。反对这一政策的人毫不怀疑地知道，这样强迫的种族融合只会增强而不是削弱种族间的敌视。他们还意识到，将孩子送到当地的学校才能够激发人们的社区精神、对当地的热爱和公民美德，将孩子们从熟悉的环境中拉出来，花费数小时用公交把他们接送到一个教育官僚所选择的学校去，这在道德上就是错误的。正如史蒂芬和阿比盖尔·塞恩斯托姆教授解释的，家长们希望自己的孩子——特别是那些最年幼的孩子——去附近的学校。

那些精打细算、攒钱买看上去井然有序、干净而安全的社区房子家长们，要是看到自己的孩子被送到城市另一边那些连当地居民都嫌弃的社区去上学时，会无比惊愕再也正常不过了。另外，家长们认为自己能够为孩子的教育作出选择，这也是理所当然的——因为这些种族融合案子，关于学校应该如何运作的最基本决策权都被从那些真正明白大部分人观点的官员手中夺走，却给了一个人——一个因为获得终生职位而在政治上受到保护、在教育上没有任何专业性的联邦法官。

强制性公交车接送，特别是当由波士顿的美国地区法院法官小 W. 亚瑟·加里蒂这样的人来推行这一政策时，难以想象它能够不导致不断增加的种族间矛盾和敌意。1974 年，为了回应一桩全国有色人种协进会的案子，加里蒂法官决定为了在学校里实现更大规模的种族融合，要进行全市范围内的公交车接送计划。这一计划中最引起争论、考虑最不周全的一部分是贫民窟深处的罗斯伯里高中与南波士顿高中之间的学生交换。南波士顿高中的学生大部分是被形容为"波士顿最保守的爱尔兰天主教社区"工人阶级的白人孩子。南波士顿高中的三年级学生都要坐公交去罗斯伯里高中，而南波士顿高中的三年级将有一半的学生来自罗斯伯里高中。

南波士顿高中的家长们立即开始抗议，经常采取的是民权运动所流行的非暴力不服从方式。这涉及能否把他们的人生和社区争取回来，作家马修·里彻尔如此解释：

> 波士顿这些社区的高中，如南波士顿高中和查尔斯顿高中

虽然没有培养出几个大学生，但它们的确是形成这个社区骄傲的基本原子。年轻的男孩女孩们渴望长大，为自己当地的学校争取体育荣誉或当啦啦队。每年感恩节南波士顿高中和东波士顿高中的"南部—东部"橄榄球赛已经成为历史悠久的传统，通常会有超过1万人观战。然而，这些社区传统消亡了，而南波士顿和查尔斯顿的人们没法明白到底为什么。在1974年当一辆辆公交车开到人们的门前，正是这些社区——不论它们有什么缺点——才是人们要捍卫的。

在接下来的3年里，每天都需要300名之多的州警巡逻学校才能维持秩序。一个教师说每天早上起床就像"要去监狱服刑一样"。而这只是波士顿公交车接送学童的乱象之一。

> **今日之政治正确：公交车接送学童是否提升了黑人的表现？**
>
> 经过10年的公交车接送计划，梅克伦堡郡——已经永远与首先授权进行公交车接送的斯万一案联系在一起——白人和黑人在阅读方面的差距与公交车接送计划之前差不多或更大。教育部1983年的一项调查覆盖了所有相关研究，却找不出一例种族融合学校系统对黑人的教育成绩有任何可观影响的例证。
>
> 一本重要的宪法学书籍（斯通、赛德曼、桑斯坦和图施耐特合著的《宪法学》，1991年版）赞同这一观点，书中论证说不存在"任何证据……证明（种族融合的学校）以任何可

> 观的方式帮助了黑人"。在20世纪90年代,波士顿的公立学校在马萨诸塞州279个城镇的标准化阅读测试中排名才得到可悲的275名。就连劳伦斯这样拥有大量英语不太好的移民城市也比波士顿的阅读分数高。虽然在阅读方面种族差距的确有明显缩小,但是同样的进步既出现在全黑人学校也出现在种族混杂的学校中。

黑人拒绝公交车接送学童

黑人家长们也开始质疑公交车接送计划是否明智,这并不奇怪。罗莱塔·罗琦是波士顿全市教育联盟主席,她认为公交车接送既毁掉了黑人的人生,也毁掉了白人的人生。她说公交车接送破坏了家长们对"他们的孩子每天早上被送去的那些遥远学校"的参与度。她还为社区对公立学校支持的消失而惋惜。这种支持"人间蒸发了,因为这些学校不再是他们社区的一部分。公交车接送计划毁掉了整个邻里之前对这些学校的热情"。另一个居民也同意:"公交车接送夺走了我们对社区这些学校的情感,那种'这是我们的学校,我们都爱它'的情感。"

这种强行的种族融合所完成的成就是将白人家庭赶出城市。艾森豪威尔总统就因为说了下面的话而被人说是"种族主义者":人们不能被强迫互相喜欢,不同种族不断增加的社会互动更多应该靠时间而不是立法。但(仅波士顿一地)花掉了几亿美元之后,公交车接送学童计划的经验清楚地证实了总统的看法。

与此同时,白人一批又一批地放弃了城市的学校。1970年的

6.2万名白人学生到了1994年变得只有可怜的1.1万人——只占总数的18%,而实际上波士顿人口中有58%是白人。不论从哪个方面看,强行的公交车接送将这一政策支持者们声称想要改善的情况变得更糟。白人基本上从波士顿公立学校中消失,而顽固的波士顿市官员们却将这个政策继续推进下去,1994年就花了3 000万美元来按人种激励公交车接送——再次提醒了大家,没有什么比连续不断的失败更能保证吸引到政府资金。虽然在一些城市里更需要强迫施行公交车接送,其他的因素也为白人从市里的学校消失作出了贡献,今天的美国所有大城市里的公立学校系统中都找不出一所非西裔的白人占到了多数的学校。这是企图促进种族融合的政府项目导致的结果。

到了20世纪90年代中期,法院开始在一个又一个城市结束了公交车接送计划。

堪萨斯城的乱象

密苏里州堪萨斯城从来没有实施过强制公交车接送计划。它却找到了另外一种方法花掉超过10亿美元来取消种族隔离——并得到了和其他人一样的结果。

在布朗案裁决之后,堪萨斯城提出了一项刻意忽视种族的计划,让学生们进入离家最近的学校。既然不同种族的人倾向于住在不同的社区里,这一计划并不能引发大量的种族融合,然而不管怎么样,原则上仍然是忽视种族的。

30年后,罗素·克拉克大法官宣布为了在学校里达到种族平衡,特别是那么多白人移居到了郊区,需要在堪萨斯城建立一个磁铁式学校体系,这一体系资金如此充足、如此引人瞩目,甚至要让白人为了教育而被吸引回城。在这种厚颜无耻的司法专制行为中，克拉克将财产税翻番，并命令密苏里州也要出钱。钱流向了 12 间崭新的学校，里面全是电脑，还有各种闻所未闻的福利设施，如拥有真正广播和电影剪辑间的广播电视工作室、一个天文馆、温室、有同声传译的模拟联合国、奥林匹克标准泳池和其他一些设施。到 1995 年，这一工程为学校系统中的 3.6 万个学生每人多花了 36 111 美元。

而这一实验的结果是什么呢？什么都没有。城里公立学校的白人入学率在下一个 10 年继续下降，黑人的表现也仍然没有进展。辍学率增加，出席率降低。教育成绩的种族差距仍然没有改变。在此书付印时，克拉克法官仍然没有道歉。

1964 年民权法案

反歧视立法有多必要、有多可取？

1964 年的民权法案是美国历史上最重大、影响最深远的立法。这一法案禁止在公共设施和面向公众的私人场所，特别是餐馆和酒店里实施种族隔离。它还禁止私人企业雇人时基于种族、信仰、性别或原国籍进行歧视。这一法案将联邦权威管辖私人行为扩展到了意想不到的程度，而这种权力在接下来数年间继续扩大。

1964 年民权法案真的为提升黑人受雇机会作出了贡献吗？经济学家托马斯·索维尔不怎么确定。他指出在这一法案通过之前的 10 年，黑人已经在专业、技术和其他高水平职位中人数翻倍。另外，"在其他种类的职业中，黑人在 20 世纪 40 年代——那时几乎没有民权政策——比民权革命如火如荼的 20 世纪 50 年代进步更大"。法案通过后的两年，黑人在专业和技术领域的雇用率增幅比法案通过前

1961—1962年一年间的增幅还要小。"1964年民权法案，"他观察道，"并没有体现出对已经发生了许多年的这一趋势的加速。"1967年被雇为经理和行政官员的黑人比例并不比1964年或1960年更多。

1971年开始的《积极行动计划[1]》（与流行的看法相反，这是在理查德·尼克松总统任内）伴随着黑人在高收入区间状况的提升，而那些低收入的黑人却落后更多。同样的事情也发生在亚裔和西裔雇员身上。多年以来，他们的前景都不断地在改善，1964年法案并没有促进这些已经起效的趋势。

1964年法案永远都不可能导致积极行动

有些观察家害怕这一立法可能会导致像积极行动计划这样的优惠政策。这一立法的支持者们否认了发生这种情况的可能。休伯特·汉弗雷参议员就曾经向一位持怀疑态度的参议员同事作出过著名承诺："如果参议员能够在（1964年民权法案的）第七条找出……任何表述要求雇主基于肤色、种族、宗教或原国籍的比例或数量来雇人的话，我就把这些纸一张一张吃掉，因为绝对没有这样的话。"约瑟夫·克拉克和克里福德·凯斯参议员也在这个话题上写过备忘录，坚称立法中没有要求雇主"在他的员工中保持种族平衡。相反，任何刻意想要保持种族平衡的尝试，不论是何种平衡，都涉及违背（这一法案），因为保持这样的平衡便会要求雇主基于种族而雇人或拒绝雇人。"共和党参议员哈里森·威廉姆斯还加上了"仅仅因为一个人是黑人而雇用他就是种族歧视，这跟'只雇白人'的雇用政策一样……那些认为平等就意味着偏袒的人是对常识的歪曲"。

---

[1] 积极行动计划：对因种族、性别等原因遭歧视的群体在就业等方面给予特别照顾。

它可能吗？

然而，我们非常清楚事情后来是如何发展的：优惠政策，或者说"积极行动"不久就在美国社会中根深蒂固，而它违反了1964年民权法案。不过与此同时，大概没必要浪费时间去论证积极行动是如何违反了该法案的第七条，因为反歧视立法的逻辑就会导向那个方向。既然我们没办法读人心，没人可以得知一个私人雇主没能聘用跟全国人口比例相对应的少数族裔人数，是因为进行了"歧视"，还是他在雇人时完全没有偏袒。为了证明他们没有歧视，雇主们现在必须得建立雇人的定额体系，才能确保他们不被政府告。因此反歧视立法的逻辑直接导致了积极行动。

法院是如何解释1964年民权法案的？

然而，那时人们并未意识到这一点，的确反歧视立法也出现了一些大部分人没有预料到的转折。我们来想想1971年格里戈斯诉杜克电力公司一案。最高法院认为杜克电力公司确实犯了歧视罪，因为该公司的升职要求对黑人和白人造成了"迥然不同的影响"。公司要求想要升职的员工拥有高中学历或通过智商测试，这就是在间接地歧视黑人，因为他们比白人获得高中学历或通过智商测试的可能性更低。

这个案子之所以重要有两个原因。第一，这将意味着雇主在选择聘用和升职的候选者时，无论采取的是何种标准，都需要面对类似的彻底审查。如果这一标准对不同种族产生了不同的影响，这个标准就不会被许可，除非雇主可以证明这一标准与该职位有明确的联系。证明这一点并不容易，没有多少雇主喜欢被拖到法庭上被迫论证他们雇用和升职标准的正当性。因此，现在如果询问一个可能的雇员是否有高中学历，甚至是被捕记录、被军队开除或者任何可能在不同种族中有不同影响的问题，都有可能是违法的。

这个案子的重要性还在于，在格里戈斯一案中，法院也承认杜克电力公司并没有故意歧视其黑人雇员，但该公司还是被判歧视。因此，1964年民权法案对歧视是一种故意行为的理解后来基本上被抛弃了。

1964年之后最引人注目（裁决却模糊不清）的民权案之一是1978年加州州立大学评议委员会诉巴克一案，当事人阿兰·巴克申请进入加州大学戴维斯分校的医学院。虽然他的学历非常出色，却在1973年和1974年被拒绝了两次。不过那时，学校还为那些"经济上和/或教育上劣势的"学生预留了录取名额——实际上就是给少数族裔的预留名额计划，因为没有一个白人学生获得过这样的特殊名额。通过这个预留名额计划招收的学生学术水平比巴克要差得多。巴克的医学院能力测试（MCAT）成绩处于前10%，而预留名额计划招收的学生成绩排名都在后1/3。巴克的本科平均成绩是A-，而那些少数族裔候选者的平均成绩是C。既然加州大学是州立大学，获得了联邦资助，巴克便认为这一少数族裔预留名额计划剥夺了他平等的法律保护。

> **快进一点：他们放弃阿兰·巴克录取了谁？**
>
> 帕特里克·查维斯是加州大学戴维斯分校放弃阿兰·巴克转而录取的5名黑人学生之一。他后来在加利福尼亚州康普顿的贫民窟开办了一间成功的妇科诊所。虽然巴克的成绩更好，但大学却录取了查维斯，支持积极行动计划的人开心地将阿兰·巴克相对没那么光鲜的从医生涯与查维斯的进行对

比。然而，大部分媒体懒得去报道的是，查维斯的行医资格证后来被加州医疗委员会吊销，并指出他"无法完成医师所必需的一些最基本职责"。比如，在笨手笨脚地做完了尤兰达·穆哈连的抽脂术后，查维斯把她藏在自己家里40个小时，其间她失去了全身70%的血液。另一个病人也在手术之后大量出血，根据米歇尔·马尔金的说法，在患者的姐姐将她送到急救室后，查维斯"冲了进来，让他正在受苦的病人出院——病人还插着输液瓶和导管——然后也把她藏到自己家里"。第三名病人就没有这么好运了，塔玛利亚·科腾在查维斯"做了一个差劲无比的抽脂术然后便消失"之后失血过多又心脏病发，最终死亡。一份录音录下了查维斯办公室里被形容为"恐怖尖叫"的声音，其中包括查维斯大吼："不要在医生工作的时候跟他说话。"以及辱骂病人"骗子骗子烧光裤子"。

最初聆讯巴克一案的州法院支持了他的诉讼，因此大学上诉到加州最高法院，最高法院维持了州法院的裁决。到这个时候，大学将案子一直上诉到了美国最高法院。

感谢最高法院，阿兰·巴克最终还是进了医学院，然而最高法院的裁决并没有改变那些收取联邦资助的大学过于纠结种族的录取政策。虽然大法官刘易斯·鲍威尔并没有作出重要的裁决，他还是被认为是最重要的人物。一方面，鲍威尔与其他4名大法官一起认为戴维斯分校的录取政策的确涉嫌种族歧视，违背了平等法律保护原则，但他又与另外4名大法官一起论证，戴维斯分校或者任何人都可以将种族作为考虑的因素之一——只要不是唯一因素——来决定是否招收一名学生,因为大学有兴趣要促进"多样化的学生组成"。不用说,这样的裁决让积极行动计划安全无虞。

另一个在支持优惠政策上不那么模糊的裁决出现在第二年,1974年一个案子涉及凯撒铝业公司和美国联合钢铁公司的工龄优先政策。为了回应联邦合同遵守公署的压力,凯撒铝业公司决定改变其在职培训项目基于工龄的选人政策(员工必须通过这一培训项目才能有机会进入技术工种)。现在选人部分基于工龄,但至少有一半的项目名额要为黑人保留,不管他们工龄如何。

当一个白人员工布莱恩·韦伯因为要把机会让给工龄没他长的黑人员工而被这一项目拒绝时,韦伯质疑自己的权利受到了侵犯。他回去阅读了民权法案的条文,当然,里面写了任何基于种族的歧视都是不合法的。他很确定自己这场官司能赢,于是他基于民权法案第七条发起了诉讼,认为公司的政策(是政府施压要求公司采取的)违反了联邦法律。最高法律曾经支持了那些据说是为了纠正过去的歧视(现在通过歧视白人来纠正)而采取的积极行动计划。但是既然连凯撒铝业的反对者们都没法否认,这家公司自从1958年开业以来在雇员方面一直都小心谨慎地保持平等原则,凯撒铝业便无法声称这一计划是为了纠正该公司历史上的歧视。

联邦地区法院和第五巡回庭都支持韦伯,但1970年美国钢铁公司诉韦伯一案中,最高法院以5票对4票支持了公司。威廉·布伦南大法官论证说,1964年民权法案的真意应该要从其条文的精神中寻找。既然推动立法的"精神"是为了帮助黑人,因此任何机构的优惠政策如果歧视的是白人,严格来说便没有违背这一立法——即便民权法案的用词明令禁止这样的政策。他说，1964年法案中没有什么内容能够阻止私人企业采取像凯撒铝业的这种自愿积极行动计划。

私营领域的积极行动计划是"自愿"的虚假说法总是阴魂不散，然而这种说法仍然是假的。私人公司和组织采取积极行动计划，只是为了保护自己不吃联邦官司。联邦政府会以这些公司单纯而无意间造成的雇员少数族裔比例与周围人口少数族裔比例有差异而告他们"歧视"。为了不让联邦政府告你、毁掉你的生意而做的事情怎么也不能说是"自愿"的。

最后我要说：在过去的20年间，黑人移民压倒性地离开了北方，朝南方移居，这是美国唯一一个大部分黑人在调查中表示，他们相信自己得到了平等对待的地区。这是又一个标准教科书神奇地忘记提及的事实。

> **两本你未必看过的书**
>
> 《民权：花言巧语还是现实？》[1]，托马斯·索维尔著，纽约：威廉莫洛出版社，1985年版。
>
> 《新的肤色线：定额和特殊优惠是如何毁掉民主的》[2]，保罗·克雷格·罗伯茨和劳伦斯·M.斯特拉顿著，华盛顿特区：瑞格纳瑞出版公司，1995年版。

---

[1] 本书英文名为：Civil Rights: Rhetoric or Reality。
[2] 本书英文名为：The New Color Line: How Quotas and Privilege Destroy Democracy。

第十五章　不为人知的约翰·肯尼迪

德怀特·D.艾森豪威尔于1952年第一次当选总统，他在白宫待了两个任期，其间大事不断。他是比较典型的战后共和党：放缓了政府扩张的速度，但并没有真的收缩联邦国家机器。他属于共和党中更加偏国际主义的派别，到20世纪50年代早期，这一派别已经令更偏孤立主义的派别黯淡无光了。

> **你知道吗？**
>
> 联邦调查局的记录显示黑帮老大山姆·加恩卡纳资助了约翰·肯尼迪的竞选，以换取肯尼迪帮助他的黑帮摆脱联邦调查的承诺。加恩卡纳的钱用作贿赂选举官员，想尽一切办法让人们走出家门投票给肯尼迪。
>
> 大家以为约翰逊在参议院竞选中失利，直到后来发现他从一个小选区里多得到了202张选票。有意思的是，他们竟然是按照姓名的字母顺序投的票！

真正的约翰·F. 肯尼迪是什么人？

1960年艾森豪威尔的继任者是约翰·F. 肯尼迪。那一年，这位马萨诸塞州来的年轻参议员已经连续3个任期担任国会议员，在美国参议院也任职了8年。在他1963年过早去世之后的许多年，他获得了如此的尊崇，很少有人能够说出对他不敬的话。但最近一些年，就连在那些自由主义的美国历史学家们之间，他的名声也开始衰退。不仅仅是因为其实他鲜有成就——事实上，这还是种无意的美德——而是因为在肯尼迪的神秘背后，有太多背景和行为都难以令他赢得尊重。

肯尼迪，作家？

肯尼迪两部主要的著作被当作这位年轻政客自己的作品，事实上却是由他人代笔的。这是个公开的秘密。《英国为什么沉睡》（1940年版）是肯尼迪毕业论文经过精良修改后的版本。他于1940年3月将论文提交给哈佛大学，在那之后4个月就付印。他父亲的私人讲稿撰写人当时被要求去修改这篇手稿，他后来回顾说："当我拿到手稿时，那简直是一堆杂乱无章的东西，语法都不对。一些句子缺乏主语和动词。稿子很马虎，大部分是杂志和新闻稿拼凑起来的。"肯尼迪的父亲约瑟夫极想让自己儿子的书变成畅销书，因此自己买了3万—4万本藏了起来。

约瑟夫·肯尼迪发家致富主要靠的是贩卖私酒，他在1937—1940年间担任美国驻英国大使。当他将自己儿子的书送给温斯顿·丘吉尔首相和英国知识分子哈罗德·拉斯基之后，后者回复道："在一所好大学里，大部分毕业生——作为他们最后一年学业的一部分——都会写出这样的书来。但他们不会发表这些作品，因为这些作品的重要性主要在于当他们写作时，他们从中学到了什么，而不是他们想要在里面说些什么。"拉斯基的结论是怀疑："如果杰克不是你的儿子，而你又不是个大使，那么任何出版商应该都不会多瞧这本书一眼。"

同样地，今天很少有人会否认，1956年让肯尼迪获得普利策奖的书籍《勇者的画像》其实是别人写的，特别是讲稿撰稿人泰德·索伦森所写，而肯尼迪更多的只是扮演了监督者的角色。不过当颁发普利策奖的时候，他完全以作者的身份把这本书归功于自己，而他的父亲则让联邦调查局去调查一群质疑肯尼迪作者身份的作家。

不太为人知的是，20世纪50年代末期一系列以肯尼迪的名字发表的文章——包括通俗文章和学术论文——以及各种小书、书评等也都大部分是索伦森的手笔。据说由肯尼迪撰写的文章涵盖类别之丰令人惊奇：《生活》杂志、《瞭望》杂志、《美开乐》杂志、《乔治敦法学评论》和《通用电气防御季刊》，等等。传记作家托马斯·里弗斯就评论说："没有哪个全国皆知的人物曾经像他这样不间断地、毫无廉耻地利用其他人来塑造自己作为伟大思想家和学者的名声。"

让人们出门投票

在肯尼迪任期内，大众少有人注意到这栋华美大厦上的裂缝，直到很久之后，美国人才发现了肯尼迪的不忠有多严重。而直至今日，大部分美国人也还并不清楚为了塑造他的公共形象、获得选举胜利的那些欺瞒和操控手段。约瑟夫·肯尼迪在整个竞选期间都从家族资金中拿钱来助儿子一臂之力。然而买下1960年总统选举的不仅仅只有他父亲的财产，联邦调查局记录显示，在一个秘密会面中，臭名昭著的芝加哥黑帮头目、教父山姆·加恩卡纳同意支持肯尼迪的竞选以换取对方在联邦调查中帮助他的承诺。加恩卡纳的钱花在了贿赂选举官员并用一切手段让人们出门为肯尼迪投票上。

1960年的总统选举中，肯尼迪以微弱优势战胜了理查德·尼克松，这场竞选是历史上差距最微弱的选举之一，几乎能够肯定是肯尼迪偷走了本应属于尼克松的胜利。伊利诺伊州和得克萨斯州的选票统计出现了各种不正常状况，除了有人故意要选举作弊，没有什么别的理由可以解释。尼克松的很多朋友——包括艾森豪威尔总统本人——都建议他挑战选举结果，但尼克松认为，这样的挑战将会对美国的政治结构造成太大的伤害。肯尼迪最终获胜。

肯尼迪任期内在外交领域发生的事情比国内事务更多，在内政上，肯尼迪的大部分立法项目几乎都要么最后悄无声息、要么被国会否决。在外交事务上，情况则更富戏剧性，但他也没多少好运：1961年与苏联赫鲁晓夫总书记早早的高峰会面让苏联的这位领导人相信这个自命不凡的年轻人只不过是个可以被吓唬的新手而已。当1961年柏林墙修建起来时，西柏林人对于肯尼迪的毫无作为无比愤怒和沮丧。柏林墙的建立阻断了东柏林的人向西柏林逃亡的趋势，不过人们也并不清楚肯尼迪还能做什么。西方国家进入西柏林的通路并没有被干涉，这一情况不论多么可悲，也很难证明有为此打一场世界大战的必要。而肯尼迪1962年在古巴核导弹危机中与苏联的对峙却差一点引发了世界大战。

每个美国人都知道，一个刺客在1963年11月结束了肯尼迪的生命。替代他的是终生得州政客林登·B.约翰逊。历史学家罗伯特·A.卡洛花了厚厚的3本书才记录完约翰逊的腐败。

> **教科书遗漏的一段引言**
>
> "听着，甜心，如果不是我，你的男朋友根本进不了白宫。"黑帮教父山姆·加恩卡纳对他和肯尼迪共同的情妇茱蒂丝·坎贝尔说。

> **"大滑坡林登"**
>
> 林登·约翰逊在他1948年竞选美国参议员时获得了讽刺性的绰号"大滑坡林登"。在那场竞选中，看上去约翰逊是要输掉了，但选举日过后6天，突然有人发现在爱丽丝镇的一个选区里有203人在最后一分钟投票，其中202人都投给了约翰逊。这203人还特别巧合地是按照姓名首字母顺序投票的。对于约翰逊的对手、得州州长科克·史蒂文森来说，事情看上去非常可疑。然而最高法院大法官雨果·布莱克坚持这一结果，最后宣布约翰逊以87票赢得选举。直到1977年——约翰逊去世4年之后——爱丽丝镇的选区法官才承认他帮助约翰逊选举作弊了。

林登·约翰逊：失败的遗产

约翰逊跟肯尼迪几乎一样风流成性，甚至还夸耀自己在椭圆总统办公室里的风流韵事。不过在政治上，他显然比前任在对付国会上更内行。他向国会议员施压、欺凌甚至威胁，直至他们接受他的立场，再加上他的立法计划获得了全美哀悼肯尼迪之死的情感支持，这一切都让他无法阻挡。

约翰逊的国内政治倡议经常被称为"伟大社会计划"，由约翰逊某次讲话中令人难忘的表述而来。除了其他一些提议，约翰逊还寻求根除贫困——他和他的支持者们相信通过恰当的政府计划，贫困状态是可以被消除的。然而，他们的计划是个步履蹒跚又极为昂贵的失败。1950—1968 年，贫困率一直稳定地以每年一个百分点的速度下降。然而自从"伟大社会计划"开始实施，贫困率却没有继续下降。这并不是巧合，这些计划从根本上就出了错，在有些情况下，它们还使问题变得更加严重。在花掉了 7 兆美元之后，约翰逊的计划根本没有什么成果，除了它们本身成了美国经济的巨大负担。

那些从未受过教育的孩子

约翰逊的计划之一是由 1965 年《中小学教育法》所确立的，为贫穷孩子的教育提供联邦资金。然而，数十亿美元花掉之后却没有任何成效。

到了 1977 年，国家教育研究会一项对此法案第一款效果的研究发现，某一学年所获得的任何成就到了第二年就消失无踪，适用第一款的学生们升级的速度远比没有第一款时慢得多。同样的情况也一直发生在《提前起步》这一知名的学前计划上，某一年获得的成绩到了第二年就消失了。

一个已经在起作用的医疗服务体系

医疗补助制度和医疗保障制度分别是为了向贫穷人群和年长者提供医疗服务，这也是约翰逊伟大社会计划的重要部分。然而，不管人们被误导相信了什么，实际上穷人在医疗补助之前就已经在获得医疗服务上做得相当不错了。例如，在医疗补助制度被引入的前一年，贫穷家庭相对于更富裕的人群而言入院率更高，另外，高收入的群体平均一年就医5.1次，而低收入的群体平均就医次数为4.3次——两者的差异并不大。

医疗补助制度真正造成的结果是大幅降低了医生们曾经为穷人提供的廉价或免费服务。根据历史学家阿兰·马图索的说法："大部分政府为穷人所负担的医疗费用都补贴给了医生和医院那些曾经免费或廉价的服务……因此，医疗补助制度和医疗保障制度主要是将收入从中产阶级的纳税者手上转移到了中产阶级医疗服务专业人士手上。"另外，医疗补助制度和医疗保障制度制造出的对医疗需求的过度刺激，在提升医疗费用的各方面扮演了重要的角色。这一点，再加上医疗服务第三方支付的增长（其本身就是由政府干预刺激的趋势）摧毁了自然的市场机制，本来依靠这一机制，是会不可避免地降低费用甚至增加对医疗服务的消费的。

媒体怎么说

他的什么提议都得到了国会的批准，除了废止共和党，这一点他还没试过。

——詹姆斯·莱斯顿

> **现实检测：美国的贫穷**
>
> 按照任何可能想象的标准，美国的穷人所享受的生活标准大概是以前的美国人（的确也包括今天世界上其他地方的人）连想都不敢想的。美国的穷人中大概有41%有自己的房子，另外还有75%有自己的车和录像机，2/3的人有空调和微波炉。几乎所有穷人都有电话、冰箱和电视机，所有这一切以前都被视为奢侈品。相较于欧洲人的平均水平，美国穷人的人均生活空间更大，也更有可能有车和洗碗机。今天在美国被认为贫穷的，毫无疑问只是根据美国的标准来说不希望看到的状况，在其他地方或其他时代则会被认为是有钱的。

并没有被创造出来的工作

伟大社会计划也提出了由政府提供资金为没有一技之长的人提供就业培训。"工作队"就是1965年开始的一项为失业人员提供职业训练的计划，目标是招收10万名失业年轻人，为他们提供有价值的工作技能。培训将会离学员们所居住的贫民区很远，将带他们去农村保护营地或废弃的军事基地。

第一年工作队的情况并不理想，正如阿兰·马图索指出的那样，学员们犯了各种罪，包括入室盗窃和砸碎玻璃窗。在印第安纳州，几个学员因为鸡奸另一个学员而被捕。得克萨斯州的一个学员在假期外出时因一场打斗被刺。肯塔基州学员们一场因为食物的暴动也得要联邦法警的干涉才平息。

那些能够完成学业而不被刺伤或鸡奸的人命运又如何呢？过

了不久就有研究发现，即便事实上这个项目花费在每个学员上的钱与哈佛大学的学费相差无几，完成了学业的人在就业市场上并不比那些所谓的"没来的"（那些被工作队招收却从来没有出现过的人）成功率更高。更糟糕的是，这一项目在第一个10年中，2/3的参与者都没有完成学业。再仔细想想：2/3的人甚至都懒得去完成一个免费的就业培训项目——由辛勤工作的美国人资助的项目。

20世纪90年代早期，一个私人会计事务所对"工作队"进行了审计，他们发现，只有12%的人在离开"工作队"项目之后在他们受训的领域中找到了工作。就此而言，只有44%的人找到了工作。这44%的平均时薪是5.09美元，这就是一个在每一个学员身上花21 333美元的项目的成果。

掠夺年轻人的制度

随着时间一年年过去，医疗保障制度的开支变得越来越不受控制，它所承诺的好处迅速地被此项税收收入超越。到2003年，医保体系的资金缺口达到了27兆美元——按照未来的承诺和目前收到的税收数量计算——几乎是整个美国债务的4倍。另外，两位研究人员克里斯·爱德华兹和泰德·迪黑文也于2003年发现，65岁的男性平均能够从联邦政府多得到7.1万美元的福利——主要靠社会保障金（由罗斯福设立）和医保制度——比他交的税多这么多。与此同时，25岁的男性则预期比他从联邦交换计划中所能够获得的福利多交了32.2万美元税。

快进：30 年后的就业大军

20 世纪 90 年代末期，当比尔·克林顿总统说他计划要"终结我们熟知的福利"时，他的提议是增加就业的预算。所以，这么一个在 30 年间彻底失败的项目，挥霍了几十亿美元却没有多少成果，得到的"奖励"却是更多预算。

关于福利的真相：约翰逊的那些项目是否让贫困更严重？

有一本经典著作研究了 20 世纪 60 年代社会政策并基本上定义了 20 世纪 90 年代福利改革，那就是查尔斯·穆雷的《节节败退》。那本书提出了激进的看法，即《伟大社会计划》和 AFDC（受供养子女家庭援助）不断增长的可获得性。它们本身就在很大程度上造成了贫困的延续。简而言之，这些项目不仅昂贵无比，还适得其反。

现实检测：福利的不同面孔

受供养子女家庭援助只占联邦福利开支的一小部分。实际上 1994 年，即比尔·克林顿总统将这一援助转化为贫困家庭临时援助计划之前两年，这一援助只占联邦福利总开支的 6%。这让我们能正确看待强硬左派宣称克林顿的福利改革代表了对自由主义的妥协或废除了联邦安全保障网的说法。仍然还在实施的有喂养和营养方案、联邦职业培训、食品券、WIC（为妇女、婴儿和儿童的特别营养补充计划）、住房补贴、低收入家庭儿童教育计划、日托计划，等等。这算得上"终结我们所熟知的福利"？

那些被鼓励了的错误

1988年的《经济学人》报道说只有不到1%的美国贫困人口是一对完成了高中学业、结了婚且没有离婚还保住了一份即便是最低工资的工作——并维持这样的状态有一年的夫妻。20世纪60年代所引入的那些激励政策让人们越来越不可能认为值得去跟随这些最基本的步骤——也就是婚姻和稳定工作——对于很多人而言,这些步骤让他们逃离了贫困。有兴趣的读者应该特别认真地看一看《节节败退》的第十二章。在那一章中,穆雷极为详细地记录了一对20世纪60年代和一对20世纪70年代的典型夫妻。他向读者展示了1960年工作的激励政策会让他们结婚,让丈夫进入就业市场,然而20世纪70年代的那些激励政策——无数种类的福利政策极为充裕,却在事实上反对婚姻(如果一个女人结婚了,她就不能再获得受供养子女家庭援助),并鼓励丈夫只需断断续续地进入就业市场甚至不去就业。随之而来的是不稳定的家庭结构,以及适中的经济安全——多亏了政府——现在在婚姻之外也能得到,导致未婚生子的爆发,以及社会学家所发现的不在父母俱全环境下出生儿童的各种症状:更加糟糕的学业表现、高得多的犯罪可能性、毒瘾,等等。

监狱里的犯人少了,但犯罪率却上升了

20世纪60年代的自由主义同样在犯罪和教育问题上发出了错误的激励。由于各种各样的原因,20世纪60年代一个罪犯被抓住以及在被抓后坐牢的可能性有显著的下降。在那个年代,联邦监狱里的犯人数绝对值下降,而犯罪案数量却翻了一倍。除此之外,对于青少年犯罪不断增加的开明立法让青少年犯罪几乎没有任何成本。在包含了芝加哥的库克郡,研究者们发现到了20世纪70年代中叶，第一次进工读学校的学生平均每人被逮捕了 13.6 次，简直令人不敢想象。因为越来越多的州都立法让青少年犯罪记录几乎不能被雇主和其他人查到——有些州甚至在青少年罪犯年满 18 岁时毁掉他们的青少年犯罪记录——似乎没有什么现实理由会让年轻人不去犯罪。另外在 20 世纪 60 年代，联邦法院极为严格地限制了学校惩治、停学或者开除扰乱秩序的学生的权利（另一个美国自由公民联盟为"美式人生"所作出的贡献）。结果是学校的学生逐渐变得无法管理，学校也越来越难向那些真正想学的年轻人传授知识。那些坚持高标准的教师们发现自己被人威胁、攻击或者因其他原因而痛苦不堪。随着时间的推移，最好的老师和最好的学生们离开了，而学校现在比之前更难于管理（到那个时候，那些政客和媒体们就又该开始提他们无聊而老套的要求，给这样的学校更多钱，一点也不顾到了 20 世纪 90 年代，城市里的学校已经在学生身上每人每年花掉了 1.2 万美元）。穆雷的观察是：

> 所有这些激励措施的改变指向了同一个方向——不找工作更容易过下去。一个男人有了孩子不用负责也更容易，一个女人有了孩子却没有丈夫也更容易，犯罪之后逃脱也更容易。因为其他人犯罪之后逃脱更容易，获得毒品也更容易了。因为犯罪之后逃脱更容易，所以延续吸毒的习惯也更容易。因为不找工作更容易过下去，因此无视教育也更容易。因为不找工作更容易过下去，因此放弃一份工作也更容易，也因此会积累起自己是个不可靠雇员的记录。

福利开支的急剧增加，再加上对于"福利权利"哲学的激进宣传（这一点下面还会讲到），破坏了穆雷所说的"身份奖励"。有工作的贫穷家庭以前曾经有过这样的尊严，知道自己在养活自己，并没有成为他们（通常也贫穷）的邻居的负担，然而现在这种尊严看上去却很愚蠢，根据穆雷的说法：

> 一旦这些身份的功能性来源被消解，人们鼓吹的"工作精神"就变得十分脆弱。人即使不需要劳动，在劳动中也存在某种内在的善，这样的理念也许在哲学上拥有非凡的可靠性，然而在表面上却并不是很合理——至少对于一个价值观仍然还未形成的年轻人来说并不合理。对于那些还从来没有追求过独立生存所带来的满足感的人来说，一个顽固地继续坚持一份差劲工作却没什么实际理由的人实在是值得嘲笑的。当工作既不能提供收入也不能提供身份认同时，工作的最后一个理由就真的消失了。那个不断工作的人实际上变成了笨蛋。

缺乏职位并不能解释巨大的福利开销

有些人试图论证说，在 20 世纪 60 年代后期爆发的领取福利人数可以用职位的缺乏来解释。然而这种解释行不通。"去跟纽约、洛杉矶或华盛顿的那些高智商城市居民聊一聊福利，"弗雷德·西格尔写道，"那么他们几乎都会告诉你的第一件事就是，人们之所以领取福利是因为工作机会缺乏。当你指出美国福利人数的爆炸式增长不仅仅从纽约开始，还正好与 20 世纪 60 年代的经济繁荣和工作机会激增同时发生，而那时纽约城里黑人的失业率才 4%，只有全国少数族裔失业率的一半时,他们会显得很迷惑,并想要改变话题。"

他们宁愿改变话题这一点并不奇怪。就拿纽约城来说,这个城市在20世纪60年代的福利政策上特别开明。1945—1960年,纽约城享受福利的人数增加了4.7万人,然而在接下来的5年直到1965年,数量就增加到超过20万人,在美国历史上最繁荣的年代之一,这个数字在继续增加。到1971年时,纽约城就有116.5万人享受福利。西格尔指出,纽约城的福利人数比15个州的州人口总数都高。

在繁荣的20世纪80和90年代,职位也仍然非常丰富,然而贫困率却依旧居高不下。麦伦·麦格尼特指出,那些只需要最基本的秘书技能的工作都因为缺乏符合资格的申请人而空缺。另外一些薪酬不错的工作也仅仅只需要申请人理解75%这一概念,能够算出100除以4等于多少。在12年的政府资助教育之后,连最贫穷的人也本应该能够做到,更没有理由说,如果真的有需要,一个成年人不能自己学会这些。

一本你未必看过的书

《节节败退:美国的社会政策1950—1980年》[1],查尔斯·穆雷著,10周年纪念版,纽约:基础读物出版社,1994年版。

---

[1] 本书英文名为:Losing Ground: American Social Policy 1950–1980。

福利是权利!

20世纪60年代中期人们还目睹了美国知识分子阶层对贫困和社会福利看法的改变。任何对"应得"和"不应得"贫穷作出的区分都被轻蔑地否定了,因为这样的想法被批评为太评头论足(换句话说就是,如果你觉得一个有5个小孩的寡妇和一个不负责任、自私自利、只坐在沙发上看电视不愿工作的家伙有什么区别,那么是你无耻)。至少同样重要的一个附加观点是:社会福利是一种权利而不是一种特殊优惠。《纽约时报》就谈到"一种对于社会福利的新哲学",它"想要将福利收益的状态确立为权利,其理论基础是每个人都有权分享公共财富"。

理查德·克罗沃德和弗朗西斯·福克斯·皮文教授通过在1966年共同建立全国福利权利组织(NWRO)来鼓励这一趋势。联邦卫生部、教育部和福利署则为这一组织增添了影响力:将它指派为领取社会福利穷人的谈判代理人。约翰逊政府甚至给了这个组织联邦拨款,而它则把这些钱用在了宣传和组织穷人去要求得到据说他们正当应得的东西上了。因为这么做,他们毁掉了勤劳工作穷人的自我形象:如果领取社会福利并没有什么值得不想要或可耻的因素,那么相反,工作并且避免领取社会福利也就没有什么值得称羡的了。

给我,给我,给我!

联邦政府回应了这种华丽的辞藻。经济机会办公室资助了1 000多个"社区服务中心",以消除领取政府福利款的羞耻,转而将其塑造成为那些接受者本来就有权获得之物。属于这一办公室的社区法律顾问们会告诉那些潜在的福利接受者,如果他们的申请被拒绝,就应该要求更多的听证。每一场这样的听证都会要5—8小时不等的工时,于是,即便是福利署最不情愿的人也很清楚,唯一可行的解决方法就是答应他们的要求。

在福利部门的静坐和卧宿开始出现,那些潜在的福利接受者——不论他们是否健壮或至少有一点责任——都激动地想要得到分享自己公民同胞财富的权利。在这一问题上,学者们同意受供养子女家庭援助申请通过率的巨大提升至少在部分程度上归结于这种对福利署有组织的攻击。那些被申请人的骚扰淹没的官员们只能屈服。

这个社会价值革命的结果是让数百万人陷入依赖社会福利的陷阱。那些帮助人们踏入职场、学会责任、守时及与他人合作的最低薪酬工作现在被人轻蔑以待。这样,那些本来作为攀爬职业阶梯第一级台阶的工种,在那些听说自己有权利分享同胞财富的人眼中变成了浪费时间。正如穆雷所观察到的,人们并不是天生就辛勤工作又有道德的,只有通过经济刺激、道德谴责和社会羞耻感相结合,才能鼓励负责任又正直的行为。当这些东西被毁掉后,人们宁愿休闲也不愿工作,宁愿获得瞬间快感而不是责任或正确决断的天然倾向就浮出水面了。

大社会计划和越南的悲剧

历史学家沃尔特·麦克杜格尔论证说,外交政策上的大社会计划就是越南战争。为了试图保护南越反共产主义的政府不被与北越有联系的一个共产主义组织叛乱推翻,美国政府决定,不在战场上战胜敌人,而是在南方建立好的开明政府,以赢得南越人民毋庸置疑的忠诚。

肯尼迪总统的顾问们在应该于南越首先进行何种改变的问题上有所分歧。其中一部分被历史学家帕特里克·罗伊德·海彻尔称为"辉格党"的顾问,强调鼓励像南越这样的国家建立人民政府的重要性。而那些"托利党人"则强调经济发展,并"准备好忍受专制政权,只要这一政权高效就行"。麦克杜格尔描述了肯尼迪顾问们的分歧如何体现在越南:

> 在越南这个问题上,辉格党人问的问题是那边有多少独立报纸和广播电台,那些宗教上的少数派是否能够享受崇拜的自由、选举是否公平、选举频率如何、公民们能否在法庭上获得正义、警察是否人道?但托利党人则认为不可能指望一个被残忍造反派威胁的新国家能够通过美国的公民测试。他们提的问题是有多少村庄有下水道和干净的饮用水、医生和公民的比例如何、那里有多少电话和摩托车、需要多少肥料、大米的年产量和人均国民收入是多少。

被安排收集所有这些信息的越南军事援助司令部(MACV)就这么变得"不像是西贡政权的同事,而更像唠唠叨叨的社工"。

正如亨利·基辛格后来曾经论证的,对于战争的这种路径被证实是有问题的。"最核心的两难困境,"他说,"变成了美国的政治目标是在南越建立一个稳定的民主政权,而这不可能在实现战胜游击队这一战略目标的同时获得。美国要么修正军事目标,要么就修正政治目标。"美国政府这两件事都没做。官员们转向南越的领导人吴庭艳,而这个人在美国人眼中既是独裁者,又是他们所希望的政治和经济改革的反对者。那些佛教信徒为了反对他的高压而公开自焚，这些正是美国官员们认为一个不那么独裁的领袖可能可以避免的事情。然而越南将军们杀死吴庭艳（听说如果推翻吴庭艳美国政府也不会不开心）后，南越比以前政治不稳定得多，权力不断在一系列无能的人中间更迭。理查德·尼克松（甚至是约翰逊）总统强烈谴责了支持推翻吴庭艳的决定。它所造成的混乱意味着美国将不得不亲自上场作战，从而导致了悲剧性的后果。

麦克杜格尔将越南形容成"第一场美国派遣其军队去海外不是为了打赢，只是为了赢得时间通过平民社会方案获胜的战争"。美国人没有将战火蔓延到北方并进攻这场叛乱的源头，他们只是想要将福利国家概念出口到越南。1975年4月，南越反共分子的末日终于来临——1973年1月的和平条约刚刚过了两年——北越便对南越展开攻势，最终将南越和北越合并为越南共和国。

第十六章 "贪婪"的 10 年

自从罗斯福新政之后，任何一个成功的美国总统候选人都没有以反对政府、支持自由的立场竞选，肯定也没有人以这个立场来统治。即便是战后时期的共和党人也一样：艾森豪威尔在内政上比较温和，而尼克松虽然认真考虑过为每个美国人建立最低收入体系，但他也在历任总统中几乎能算上是个自由派了。

> 你知道吗？
>
> 1. 在"贪婪的 10 年"间，慈善捐助每年增长的比例比此前 25 年增加了 55%。
> 2. 里根并没有砍掉预算，包括给儿童和家庭的诸项援助开支增长了 18%。

与众不同的里根

在这个方面，于 1980 年赢得两个任期中前 4 年选举的里根就与众不同了。正如他观察到的："政府不是我们那些问题的解决方法，政府本身就是问题所在。"里根受欢迎的程度再配合他对私有化的支持、他对美国人的创业精神，以及他对自由市场道德优越性的信仰，都对让这些在20世纪60和70年代被轻视嘲弄的立场重新变得值得尊重起到了重要作用。

批评者将这10年称为"贪婪的10年"。这并不算什么意外。正如乔·索布朗曾经说过的："今天，想要别人的钱被称为'需要'，而想要保住自己的钱则被称为'贪婪'，而当政客们来安排这种交换时，则是'同情'。"

"贪婪的10年"期间的慈善捐款

事实是，20世纪80年代并不是这样的。对于这个虚假说法最直接的反驳就是慈善捐款——毕竟，它代表的几乎是贪婪的对立面——在20世纪80年代有了巨大增长，而增长速度也比之前的几十年快很多。扣除物价因素，慈善捐赠从1980年775亿美元到了1989年的1 210亿美元。慈善捐款每年增长的速度比之前25年的年增速要高55%。这一极大的增长在个人捐款和企业捐款两方面都很明显。正如理查德·麦肯锡所指出的那样，增加的慈善捐款比可能被人看作是奢侈品如珠宝、手表、酒、餐馆用餐和个人服务（如健康俱乐部、美发店等）方面的商品和服务消费的支出要大得多。

> **值得引用的里根**
>
> 政府对经济的看法可以用几个短语来总结：如果它动了，就征税；如果它继续动，就规范它；如果它不动了，那就补

> 贴它。
>
> 英语中最恐怖的对话是:"我是政府派来帮忙的。"

关于媒体热衷于痛恨的那位迈克尔·米尔肯的真相

一些批评家在将 20 世纪 80 年代称为贪婪的 10 年时,脑海里想到的是如迈克尔·米尔肯那样高调的有钱人。然而米尔肯虽然因为自己的行为获刑并被罚款 6 亿美元,却不仅并没有犯罪,实际上还起到了有用又有益的社会功能。之前,那些新兴又有前途的公司很难获得他们所需要的资本,因为银行和投资者通常只会将自己局限于投资那些其债券有投资级别信用排名的公司。也就是说他们只会投资那些已经在发行和兑现自己企业债券时能完成职责、拥有良好兑现记录的公司。米尔肯的天才就在于,新公司通常比那些老牌公司表现更加出众。他极大地刺激了高收益或者说是"垃圾债券"的市场——之所以名字叫这个是因为发行的债券是那些还没有建立信用历史的公司。对于那些愿意承担风险的人来说,这些债券能够带来巨大的收益。

毫无疑问,米尔肯的工作对整个社会大有裨益。根据格伦·雅格的说法,垃圾债券"让很多小公司能够获取资本,并因此获得许多以前只能是美国那些最大的公司享有的优惠。垃圾债券变成了社会和经济变革的重要角色"。在 1996 年,《财富》杂志承认:

> 事实是,虽然你可以在米尔肯在他 20 世纪 80 年代的全

盛期到底是圣人还是罪人这一问题上持不同意见，然而你无法反驳的是，他所创造的垃圾债券市场的重要性。"我们详细地审查了商业贷款。"米尔肯这么说。他说得没错。再看看他用垃圾债券资助的那些公司！在电缆行业和手机业初创期都有他的身影。正是米尔肯的垃圾债券才让 MCI 通讯与 AT&T 公司竞争成为可能。他支持了特纳广播公司和麦考通讯公司这样的企业，因为他看到了别人看不到的东西。

他的同样的融资方式也用来支持公司的兼并。1967 年《威廉姆斯法案》令公司兼并变得非常困难，并由此（借用经济学家穆雷·罗斯巴德的话）"牢牢固定了保守低效企业经理人的统治和不顾股东财务权益的态度"。但在公司兼并中，外部的财务利益也要追求股东支持，以反对难以变通又反应迟缓的经理们，这样便为任意管理提供了不可或缺的审查。米尔肯第一个采用高收益债券来从财务上支持公司合并。那让企业家们能够更容易兼并一些公司，赶走那些反应慢、只关心自己的安全和好处、不顾股东利益的职业经理们。

米尔肯为自己树敌良多的理由很多。首先，大银行可不高兴米尔肯资助兼并的方式，因为通过在开放市场上流动高收益债券，他完全越过了银行。其次，他的债券与其他公司的债券竞争，那些公司当然会轻蔑地把米尔肯的债券称为"垃圾"债券。而被嫉妒冲昏头脑的媒体，也对米尔肯极高的收入大做文章——他要是能够在那么短时间内赚那么多钱，那他一定是个骗子。就连戴维·洛克菲勒——是的，很荒谬——都被人听到在抱怨："如此无与伦比的收入肯定不可避免地会让人想问，我们的金融系统运作是不是有什么失衡的地方。"罗斯巴德对这个问题的回答是，它的确会引发质疑，但大概不是洛克菲勒所想的那些。

它对于我们现存金融和企业精英们所享受的失衡的政治权力提出了严重的质疑，这样的政治权力能够说服联邦政府的强制之手来压制、削弱甚至直接把那些唯一"罪行"只不过是通过促进资本从低效公司转移到高效率人士手上来赚钱的人投入监狱。当有创意、产量高的生意人被骚扰、被关进监狱，而强奸犯、抢劫犯和杀人犯却逍遥法外时，这个社会的确存在了什么东西是大错特错的。

米尔肯发现自己被控98项证券欺诈和非法获取钱财罪。而最终定罪的是6项无足轻重的小控罪，即便是这几项罪名，也只不过是技术性细节，以前从来没有人因为这些罪名而坐过牢。米尔肯在媒体和政治集团的欢呼下获刑10年（后来减刑到两年），而他其实根本没有触犯什么法律。这更能说明，20世纪80年代更多是嫉妒的10年而非贪婪的10年。

> 一本你未必读过的书
>
> 《20世纪80年代的正确之举》[1]，理查德·B.麦肯锡著，旧金山：太平洋公共政策研究所出版，1994年版。

削减预算的神话

还有一些批评家则认为20世纪80年代的"削减预算"是"贪

---

[1] 本书英文名为：What Went Right in the 1980s。

婪"的症状。然而实际上削减预算的事情并少也并不频繁。民主党员喜欢这么描绘这些事：罗斯福新政和伟大社会计划总是处于被右翼狂热分子废除的危险之中，只有一直保持警惕（并大方地向民主党捐款）才让这些计划得以实施。共和党人也能从保存这种幻象中得利，因为他们真的蓄势待发要废除各种政府计划的想法在筹款行动中非常有效。民主党人总是听起来好像立刻要输，而共和党人则总是说得好像正在获胜。

20世纪80年代的统计数据讲的则是一个完全不同的故事。人们歇斯底里地叫喊着在里根年代的"削减预算"让听者误以为里根大刀阔斧地砍掉了政府开支。虽然与以前的总统相比，在里根的任期政府开支的年增长率的确在显著地放缓，开支却仍然继续增长。联邦开支在80年代有明显增长不仅仅是因为总统的国防开支增长了。1965年时，非国防开支占了国民生产总值的10.1%，但1985年时已经到了17.5%。艾德·米斯曾是里根总统的顾问，后来还当上了司法部长。他就在自己的回忆录中指出，"按照总和，里根任期中既没有减税也没有削减预算。两者的趋势都是不断增加，不过开支的增加比税收的增加更快。"经济学家马丁·安德森曾经是里根的政策顾问，在他称颂性的回忆录中承认："总体来说，里根总统创下了开支纪录。为了实现他多年以来要加强社会保障、健康医疗系统和福利及美国国防实力的承诺，他指导了社会福利、福利开支和国防经费的巨额增长。"

举个例子，农业开支在80年代飙升。1983年立法通过了补贴奶农少生产牛奶的法令——第一次补贴减产的原则用到了奶农身上。10年间联邦棉花补贴翻了7倍。到1989年时，900万包棉花被搁置在仓库里。

虽然一些单独的项目预算有些许削减,但福利开支也增加了。1981—1989年,受供养家庭补助被削减1%,食品券被削减6%,学校午餐计划被削减10%。但总体而言,在1981—1989年间涉及儿童和家庭的各项开支计划总体增长了18%,医疗保障资金也有显著增加。

减免税

在这10年期间,里根成功地实现了重要的大范围所得税税率下降,包括最高收入人群所得税从70%降到28%。然而,税款净值在20世纪80年代却有所增加,后期的增税消解了1981年的减税。80年代早期在社会保障税上的增幅是美国历史上最大的增税之一,1986年《税务改革法案》的部分内容通过补漏洞和消除部分税款抵减额事实上提高了税率。80年代,联邦税平均占了国民生产总值的18.9%,相较而言,20世纪70年代是18.3%,而60年代是18.2%。

统计显示,关于20世纪80年代的歇斯底里完全弄错了,然而那些在那10年间抱怨"削减预算"的人在90年代作出了同样的判断。自由派评论家们让人们误以为共和党的预算提案会极大地削减联邦开支。真的这样么?不过从总体上看,美国人的确相信了这种不断鼓噪预算被削减的说法。1995年一项《时代周刊》联合CNN的调查发现,47%的美国人认同"国会中的共和党人所提议的削减联邦开支"是"太过头"了。但是,比尔·克林顿总统的7年预算计划和共和党人的预算计划之间的不同只在于,克林顿要求增加

5 000 亿美元开支，而共和党人要求增加 3 500 亿美元的开支。削减在哪里？

关于医疗保障的争论就更加荒谬了：人们因为众议院议长纽特·金里奇要"削减"医疗保障而对他进行各种谩骂。实际上克林顿提议医疗保障开支年度增幅为 7.5%，而共和党人则更偏向每年以 6% 的增幅增加开支。这就是不诚实的记者和政治评论家所谓的削减——只是降低政府的增长速度而已！

所以，20 世纪 80 年代真正的问题既不是"贪婪"，也不是减税或削减预算。真正的问题不在于里根做了太多，而是他没能更多地实现他希望做到的。

第十七章　克林顿时代

在1992年年初，除了阿肯色州人，几乎没人听说过比尔·克林顿。11月时，他变成了美国的当选总统。

他是美国历史上第二位被弹劾的总统。对他的指控主要围绕他在一桩性骚扰案中宣誓后作的伪证上。在这桩性骚扰案中他是被告，牵涉的是他和白宫实习生莫妮卡·莱温斯基的风流韵事。他字斟句酌地对自己不法行为的否认正是他总体政治风格的缩影，以致要想知道这位总统真正的意思是什么，就一定要了解他的言下之意，并认出他遣词造句中为自己留出的那些可以钻的空子。

克林顿任期的几年，特别是1994年共和党获得中期选举大捷之时，最后被证明是共和党错失的一大良机。虽然总统的风流韵事很可耻，但共和党领袖们决定纠结于总统的人格，令人留下的印象却是——虽然可能并不是故意的——他的施政方针却不那么令人讨厌。有那么多人去谴责这位白宫主人，共和党本来拥有黄金机会来证明有限政府的正当性。然而，他们并没有这么做。

> **教科书遗漏的一段引言**
>
> "因为那不是他们的钱。"比尔·克林顿在评论为什么当地学校委员会不能在决定联邦教育经费该怎么用上有更多发言权时这么说。

> **你知道吗?**
>
> 1. 克林顿不是个"温和派"。
> 2. 在五角大楼,"对于所有非残障白人男性的升职都需要特殊许可"。
> 3. 克林顿在巴尔干地区的反塞族人运动中提供了帮助将伊斯兰激进主义传播到了欧洲。
> 4. 克林顿在他8年的任期中44次派兵出国参战。

克林顿,一个"温和派"?

在克林顿任内,虽然没有到约翰逊的伟大社会计划或罗斯福新政时的那种程度,但政府仍继续扩张。在内政上,没有哪本书比詹姆斯·博瓦德描写克林顿的任期的《"感受你的痛苦":克林顿—戈尔任内政务权威的暴涨和滥用》(2000年版)更精彩。这本书详细记录了政府权力扩张的损害和事与愿违,特别是农业、住房和环境方面的政策,1993年得克萨斯州韦科市在联邦执法者手上被屠杀的那些无辜者,和美国服务队这样的无效投资。

克林顿宣称自己是"新民主党人",是想说他并不是往昔自由主义的坚定拥护者。然而在克林顿治下,这几乎并没有什么变化。看一看他的政府在积极行动计划上的态度。克林顿总是说着温和派的言论,这样他就不会疏远那些支持他的温和派中产阶级白人。有时他甚至批评在雇用中严格的种族配额。然而克林顿政府并没有改变什么。当说到积极行动计划时,总统宣称:"我们应该有个简单的口号:修补它,但不要结束它。"

当他说不要结束时,他是真心的。当 1996 年加州选民成功地通过了第 209 号提案,让积极行动配额政策在加州和该州各地方政府那里不合法时,克林顿的司法部向联邦上诉法庭提交了简报,寻求不批准这一做法——荒谬地论证说它违反了第十四修正案的平等保护条款。没错:第十四修正案,那个宣布所有美国人都有权享有法律的平等保护的修正案,在为了论证某些受保护群体成员应该获得特殊对待时被引用了!

"只有不合格的申请者才能申请"

博瓦德正确地表明该政府对积极行动的态度只有通过一瞥联邦雇用政策才能得到准确的衡量。1995 年,五角大楼让人们知道"对于所有非残障白人男性的升职都需要特殊许可"。食品药品监督局的"平等雇用机会手册"建议说,应该在寻找就职者时不再强调对办公人员和秘书的那些诸如"对语法有所了解"和"能够准确拼写"之类的要求,因为这些要求有可能更难吸引到那些"有残障而又缺乏代表的群体或个人"。

也许最荒谬的是美国林业署的例子:因为被人批评没有雇用足

够多的女性消防队员,林业署发出了职位通告说:"只有不合格的申请者才能申请",后来的通告则表述为,"只有那些不符合(工作要求)标准的申请者才会被考虑"。我们现在知道这一奇怪政策的结果是:关键的消防职位一直空缺,因为缺乏不合格的申请者。

CNN 式的外交政策

比尔·克林顿基本上想做什么就做什么的领域是外交政策。就连那些宣称是他对手的人也任其为所欲为。然而,克林顿在这个领域误入歧途的次数最多,造成的伤害也最大。退役的空军中校巴兹·帕特森在他的《鲁莽漠视》一书中写道,克林顿施行的是"CNN 式的外交——他的外交政策完全由电视新闻覆盖面和政治民意调查推动"。三军统帅克林顿在他 8 年任期中令人惊奇地 44 次派遣军队去外国作战。克林顿当总统的那些年提醒了我们,那些鲜花的孩子们[1]最终还是很乐意派出军队的,只要是服务于他们能够塑造成"进步"的那些理想就好。"美国士兵(的角色),"帕特森写道,"从家园的保卫者变成了游荡的和平卫士。"

从"雄壮铁砧行动"到"共同保卫者":在海角天边的部署

- 巴尔干半岛
- 索马里
- 卢旺达

---

[1] 鲜花的孩子(Flower child):嬉皮士的别称,他们是美国 20 世纪六七十年代反战的一代。

- 马其顿
- 厄瓜多尔
- 东帝汶
- 科威特
- 利比里亚
- 阿尔巴尼亚
- 刚果
- 加蓬
- 塞拉利昂
- 苏丹

摩加迪沙:"猎捕"

当克林顿上任时,美国军队已经在索马里完成人道主义任务帮助喂饱那些快要饿死的人。乔治·布什总统想要美国军队运输人道救援物资然后撤出,然而克林顿扩大了任务范围,还要美军负责帮助建国和追捕军阀。美国驻索马里的军队司令托马斯·蒙哥马利少将在面对自己任务的新内核时,要求增加坦克、武装战斗车辆和军火,却遭到了克林顿的国防部长亚斯平拒绝。

一个月后,1993年10月3日,总统派遣了满载游骑兵和精英三角洲部队的14架直升机去摩加迪沙的奥林匹克酒店抓捕索马里民族联盟的成员。这场行动变成了灾难。美国的士兵们被围困,持续战斗了13个小时。因此,为了救援,美国军队不得不借用4辆巴基斯坦坦克和24辆马来西亚军用装甲车。最终,18名美国人死亡，80人受伤。

巴尔干半岛的不幸

在克林顿的诸多干涉国外的行动中，将美国军队派到巴尔干半岛——这一地区对美国来说没有任何战略意义——是最糟糕的行动之一。当南斯拉夫分裂为不同种族的国家时，一开始是和平的（斯洛文尼亚），然后才开始充满暴力（克罗地亚、波斯尼亚、黑山和科索沃城），而各方都实施了暴行：克罗地亚人、塞族人和穆斯林。

克林顿一手导演了1995年的《代顿和平协议》，在该地区制造出一种不安定、不稳固也不可能实施的和平，时不时就会再次爆发地区内战。协定还导致了美国军队显然将会长期驻扎在一个没有美国国家利益地区的事实和在克林顿离任前就已经达到150亿美元的账单。更糟糕的是，克林顿政府还将伊斯兰极端主义传播到了该地区，不仅仅站在穆斯林这一边反对塞族，甚至还做出了帮助伊斯兰圣战分子（伊斯兰圣战组织激进成员）入境的行径——就连克林顿最主要的和谈代表理查德·霍尔布鲁克都将它称作是"与魔鬼的契约"。

克林顿还通过北大西洋公约组织导演了1999年从3月到6月对塞尔维亚的连续轰炸。他没有经过国会的同意就这么做了——众议院实际上投票反对授权克林顿轰炸塞尔维亚人。在美国历史上，还没有哪个总统在国会的直接反对中开战的。

为了支持这一违宪的战争，克林顿政权开展了一场宣传战，就连用克林顿式的标准衡量，那些宣传也是谎话连篇。美国新闻署号称有将近40万阿族穆斯林被塞族人屠杀了，其他政府官员所引用的数字是22.5万—100万阿族穆斯林失踪或可能被杀害。实际上，被派去当地寻找塞族暴行证据的西班牙法医埃米利奥·佩雷斯·普约尔报告说："我们没有找到一个——一个都没有——万人坑。"他还补充道："科索沃死亡人数的最后数字应该最多是2 500人，其中还包括许多奇怪的死因，是不能将其归罪于任何一方的。"

克林顿的干涉达成了什么呢？巴尔干地区仍然充斥着暴力和仇恨，伊斯兰激进派在该地区得到了推动，美国军队被派过去，纳税人的数十亿美元被浪费，而这些国家大部分美国人根本在地图上都找不到。在那里，还没有通过美国人的努力达成过任何有延续性的好结果——也许永远都不可能。

克林顿是否用轰炸转移对他丑闻的关注？

1998年8月20日，克林顿本人直接下令轰炸苏丹的埃尔施法药品工业公司，据称这个公司要对肯尼亚和坦桑尼亚美国大使馆的爆炸负责。人们相信这个工厂并不像它声明的那样制造药品和兽药，而是合成用在神经毒气上的化学品，这些都是恐怖分子头领奥萨马·本·拉登资助的。

后来，所有这些说法都被证明是错的。国防部长威廉·科恩承认，工厂生产的确实是药品和兽药。后来美国还不得不承认工厂与本·拉登之间并不存在直接的联系。至于生产化学武器的问题，克林顿政府神秘地拒绝提供在工厂外围提取的土壤样本，而这些样本据称是有非法化学品痕迹的。克林顿甚至拒绝了在轰炸之后进行就地调查的要求。

正如克里斯托弗·希钧森所指出的，更糟糕的是，曾任工厂建设技术总监的英国工程师汤姆·卡纳芬解释过，工厂的建造并没有为克林顿所说的那些秘密生产留出足够多的空间。其他专家也同意这一点。虽然只有一个人在轰炸中丧生，"更多人死去或即将死去，因为这个赤贫国家失去了它最主要的医药和农药生产工厂"。希钧森说。埃尔施法工厂生产了苏丹超过半数的人用和兽用药。克林顿漫无目的的轰炸正合本·拉登的心意，他肯定会很开心，因为有机会将美国政权描绘成在对待穆斯林问题上随心所欲又无法无天的形象。

这场轰炸实在是说不通，最终不可避免地引发了一些怀疑。克林顿为什么要那么做？提出的那些解释理由都不充分。轰炸发生在莱温斯基再次面对大陪审团的同一天、克林顿为自己的欺骗和不规矩做的电视道歉（在其中，以经典的克林顿式风格，他其实并没有真正道歉）被美国人民痛骂的同一周。这真的只是巧合吗？我们觉得需要问这样的问题本身就很能说明克林顿的个性了。

什么？大政府时代已经结束了？

在克林顿总统任期即将结束时，他——显然是非常严肃地——说："大政府的时代已经结束了。"这么说时，他正在领导一个如此庞大的政府，国父们要是看到了一定会晕过去。《联邦纪事》会列举正在生效的所有联邦条例，一直都有 6 万—8 万页之多。通过医疗保障制度和社会保障计划，联邦政府所承诺的权益将在接下来的几十年中被证明有几十万亿美元的资金缺口。为了资助这些，需要收的税将会把经济压榨到停滞不前的地步。实际上，大政府的时代看来暂时还没有结束——除非这些缺乏资金的债务最终会把这个联邦利维坦一劳永逸地搞破产。

与此同时，联邦法庭不断地违背各州的自治权。在整个20世纪90年代，各州的选民在公投中通过了从移民到积极行动政策的各种提议，却都被帝国的那些联邦法官们撤销。自治这一独立战争所根植的原则也不过如此。我们已经看到，制定宪法的那些国父们曾经明确地想要避免这一点：一个自身权力几乎没有受到任何制约的联邦政府，它能推翻那些碰巧不喜欢但完全符合宪法的各州法律。而美国人总的来说对自己的历史不够了解，所以没法挑战所有这一切，或者甚至根本没法意识到问题的存在。20世纪——有时被人称作美国的世纪——就这样在令人警醒的基调中结束了。

参 考 文 献

Adler, David Gray and Michael A. Genovese. *The Presidency and the Law: The Clinton Legacy*. Lawrence, Kan.: University Press of Kansas, 2002.

Anderson, Martin. *Revolution*. San Diego: Harcourt Brace Jovanovich, 1988.

Anthony, Carl Sferrazza. "The Most Scandalous President." *American Heritage*, July/August 1998.

Armor, David J. *Forced Justice: School Desegregation and the Law*. New York: Oxford University Press, 1996.

Baird, Charles W. "Freedom and American Labor Relations Law: 1946–1996." *The Freeman*, May 1996, 299–309.

——. "Labor Law Reform: Lessons from History." *Cato Journal* 10 (Spring/Summer 1990): 175–209.

Barnes, Harry Elmer. *Perpetual War for Perpetual Peace*. Caldwell, Idaho: The Caxton Printers, 1953.

Barton, David. *Original Intent: The Courts, the Constitution, and Religion*. Aledo, Tex.: Wallbuilder Press, 1997.

Beale, Howard K. *The Critical Year*. New York: Harcourt, Brace, 1930.

——. *Theodore Roosevelt and the Rise of America to World Power*. Baltimore: Johns Hopkins Press, 1956.

Beisner, Robert L. *Twelve Against Empire: The Anti-Imperialists, 1898–1900*. Chicago: University of Chicago Press, 1968.

Bennett, James T. and Thomas J. DiLorenzo. *Official Lies: How Government Misleads Us*. Alexandria, Va.: Groom Books, 1992.

Berger, Raoul. *The Fourteenth Amendment and the Bill of Rights*. Norman, Okla.: University of Oklahoma Press, 1989.

———. *Government by Judiciary: The Transformation of the Fourteenth Amendment*, 2nd ed. Indianapolis, Ind.: Liberty Fund, 1997.

Best, Gary Dean. *Pride, Prejudice, and Politics: Roosevelt versus Recovery, 1933–1938*. New York: Praeger, 1991.

Boorstin, Daniel. *The Americans: The Colonial Experience*. New York: Vintage, 1964.

Bork, Robert H. *The Tempting of America: The Political Seduction of the Law*. New York: Touchstone, 1990.

Bovard, James. *The Farm Fiasco*. San Francisco: ICS Press, 1991.

———. *Feeling Your Pain: The Explosion and Abuse of Government Power in the Clinton-Gore Years*. New York: St. Martin's, 2000.

Brownson, Orestes A. *The American Republic*, ed. Thomas E. Woods, Jr. Washington, D.C.: Regnery, 2003 [1875].

Carson, Clarence B. *The Growth of America, 1878–1928*. Wadley, Ala.: American Textbook Committee, 1985.

Channing, Stephen A. *Crisis of Fear: Secession in South Carolina*. New York: W.W. Norton, 1974.

Choate, Rufus. *The Political Writings of Rufus Choate*, ed. Thomas E. Woods, Jr. Washington, D.C.: Regnery, 2002.

Conquest, Robert. *The Harvest of Sorrow: Soviet Collectivization and the Terror Famine*. New York: Oxford University Press, 1986.

Coogan, John W. *The End of Neutrality: The United States, Britain, and Maritime Rights, 1899–1915*. Ithaca, N.Y.: Cornell University Press, 1981.

Costello, John. *Days of Infamy: MacArthur, Roosevelt, Churchill—The Shocking Truth Revealed*. New York: Pocket Books, 1994.

Coulter, Ann. *Treason*. New York: Crown Forum, 2003.

Coulter, E. Merton. *The South During Reconstruction, 1865–1877*. Baton Rouge, La.: Louisiana State University Press, 1947.

Cowen, Tyler. "The Marshall Plan: Myths and Realities." In *U.S. Aid to the Developing World*, ed. Doug Bandow. Washington, D.C.: Heritage

Foundation, 1985, 61–74.

Craven, Avery O. *The Coming of the Civil War*, 2nd rev. ed. Chicago: University of Chicago Press, 1957.

Denson, John V., ed. *The Costs of War*. New Brunswick, N.J.: Transaction, 1997.

———. *Reassessing the Presidency*. Auburn, Ala.: Ludwig von Mises Institute, 2001.

DiLorenzo, Thomas J. "Anti-trust, Anti-truth." Mises.org, June 1, 2000.

———. *How Capitalism Saved America: The Untold History of Our Country, from the Pilgrims to the Present*. New York: Crown Forum, 2004.

———. "The Origins of Antitrust: An Interest-Group Perspective." *International Review of Law and Economics* 5 (1985): 73–90.

———. *The Real Lincoln*. Roseville, Calif.: Prima, 2002.

Doenecke, Justus D. *Storm on the Horizon: The Challenge to American Intervention, 1939–1941*. Lanham, Md.: Rowan & Littlefield, 2000.

Dyson, Michael Eric. *I May Not Get There With You: The True Martin Luther King Jr.* New York: Free Press, 2000.

Ebeling, Richard M. and Jacob G. Hornberger, eds. *The Failure of America's Foreign Wars*. Fairfax, Va.: The Future of Freedom Foundation, 1996.

Edwards, Chris and Tad DeHaven. "War Between the Generations: Federal Spending on the Elderly Set to Explode." Cato Institute Policy Analysis No. 488, September 16, 2003.

Epstein, Julius. *Operation Keelhaul: The Story of Forced Repatriation from 1944 to the Present*. Old Greenwich, Conn.: Devin-Adair, 1973.

Epstein, Richard A. "A Common Law for Labor Relations: A Critique of the New Deal Labor Legislation." *Yale Law Journal* 92 (July 1983): 1357–1408.

Evans, M. Stanton. "The *Amerasia* Affair." *Human Events*, July 12, 1996.

———. "McCarthyism: Waging the Cold War in America." *Human Events*, May 30, 1997.

Feuer, Lewis S. "American Travelers to the Soviet Union 1917–32: The Formation of a Component of New Deal Ideology." *American Quarterly* (Summer 1962): 119–49.

Fischer, David Hackett. *Albion's Seed: Four British Folkways in America*.

New York: Oxford University Press, 1989.

Fleming, Thomas. *The Illusion of Victory: America in World War I*. New York: Basic Books, 2003.

Flynn, John T. *The Roosevelt Myth*, 50th anniversary edition. San Francisco: Fox & Wilkes, 1998.

Folsom, Burton. "Herbert Dow and Predatory Pricing." *The Freeman*, May 1998.

Folsom, Burton W., Jr. *The Myth of the Robber Barons*. Herndon, Va.: Young America's Foundation, 1991.

Foner, Eric. *Free Soil, Free Labor, Free Men: The Ideology of the Republican Party Before the Civil War*. New York: Oxford University Press, 1970.

Freud, Sigmund and William C. Bullitt. *Thomas Woodrow Wilson: A Psychological Study*. New York: Avon, 1966.

Gallaway, Lowell E. and Richard K. Vedder. *Out of Work: Unemployment and Government in Twentieth-Century America*. New York: Holmes & Meier, 1993.

Gamble, Richard M. *The War for Righteousness: Progressive Christianity, the Great War, and the Rise of the Messianic Nation*. Wilmington, Del.: Intercollegiate Studies Institute, 2003.

Graham, John Remington. *A Constitutional History of Secession*. Gretna, La.: Pelican, 2002.

Greene, Jack. *Peripheries and Center: Constitutional Development in the Extended Polities of the British Empire and the United States, 1607–1788*. New York: W.W. Norton, 1990.

Gunderson, Gerald. *The Wealth Creators: An Entrepreneurial History of the United States*. New York: Penguin, 1990.

Gutzman, K. R. Constantine. "The Virginia and Kentucky Resolutions Reconsidered: 'An Appeal to the *Real Laws* of Our Country.'" *Journal of Southern History* 66 (August 2000): 473–96.

Gutzman, Kevin R. "A Troublesome Legacy: James Madison and 'the Principles of' 98.'" *Journal of the Early Republic* 15 (Winter 1995): 569–589.

Halbrook, Stephen P. *That Every Man Be Armed: The Evolution of a Constitutional Right*. Oakland: Independent Institute, 1994.

Hazlitt, Henry. *The Conquest of Poverty*. New Rochelle, N.Y.: Arlington House, 1973.

Healy, Gene. "The 14th Amendment and the Perils of Libertarian Centralism." Mises Institute Working Paper, May 5, 2000. (Available at Mises.org.)

Henry, Robert Selph. *The Story of Reconstruction*. Indianapolis, Ind.: Bobbs-Merrill, 1938.

Higgs, Robert. "Regime Uncertainty: Why the Great Depression Lasted So Long and Why Prosperity Resumed after the War." *Independent Review* 1 (Spring 1997): 561–90.

———. "Wartime Prosperity? A Reassessment of the U.S. Economy in the 1940s." *Journal of Economic History* 52 (March 1992): 41–60.

Hitchens, Christopher. *No One Left to Lie To: The Triangulations of William Jefferson Clinton*. London: Verso, 1999.

Hollander, Paul. *Political Pilgrims: Western Intellectuals in Search of the Good Society*, 4th ed. New Brunswick, N.J.: Transaction, 1998.

Holt, Michael. *The Political Crisis of the 1850s*. New York: Norton, 1983.

Holt, W. Stull. *Treaties Defeated by the Senate: A Study of the Struggle Between President and Senate over the Conduct of Foreign Relations*. Baltimore: Johns Hopkins Press, 1933.

Hutt, W. H. *The Strike Threat System: The Economic Consequences of Collective Bargaining*. New Rochelle, N.Y.: Arlington House, 1973.

Iriye, Akira. *The Globalizing of America, 1913–1945*. Cambridge: Cambridge University Press, 1995.

Johnson, Ludwell H. *North Against South: The American Iliad, 1848–1877*. Columbia, S.C.: Foundation for American Education, 1995.

Johnson, Paul. *A History of the American People*. New York: HarperCollins, 1998.

———. *Modern Times: The World from the Twenties to the Nineties*. New York: HarperPerennial, 1992.

Kilpatrick, James J. *The Sovereign States: Notes of a Citizen of Virginia*. Chicago: Henry Regnery, 1957.

Kolko, Gabriel. *The Triumph of Conservatism: A Reinterpretation of American History, 1900–1916*. New York: Free Press, 1963.

LaFeber, Walter. *The American Search for Opportunity, 1865–1913*.

Cambridge: Cambridge University Press, 1993.

Lawson, Robert A. "We're All Rawlsians Now!" *Ideas on Liberty*, June 2002, 49–50.

Leuchtenburg, William E. "Progressivism and Imperialism: The Progressive Movement and American Foreign Policy, 1898–1916." *Mississippi Valley Historical Review* 39 (December 1952): 483–504.

Livingston, Donald W. "A Moral Accounting of the Union and the Confederacy." *Journal of Libertarian Studies* 16 (Spring 2002): 57–101.

———. *Philosophical Melancholy and Delirium: Hume's Pathology of Philosophy*. Chicago: University of Chicago Press, 1998.

———. *Secession and the Modern State*. League of the South Papers Series, no. 1, 1997.

Lyons, Eugene. *The Red Decade*. New York: Bobbs-Merrill, 1941.

Magnet, Myron. *The Dream and the Nightmare: The Sixties' Legacy to the Underclass*. San Francisco: Encounter Books, 2000.

Malkin, Michelle. "The Deafening Silence about the Death of an Affirmative Action 'Hero.'" *Jewish World Review*, August 7, 2002.

Matusow, Allen J. *The Unraveling of America: A History of Liberalism in the 1960s*. New York: Harper & Row, 1984.

McDonald, Forrest. *The American Presidency: An Intellectual History*. Lawrence, Kan.: University Press of Kansas, 1994.

———. *A Constitutional History of the United States*. Malabar, Fla.: Robert E. Krieger, 1982.

———. "Was the Fourteenth Amendment Constitutionally Adopted?" *Georgia Journal of Southern Legal History* 1 (Spring/Summer 1991): 1–20.

McDougall, Walter A. *Promised Land, Crusader State: The American Encounter with the World Since 1776*. New York: Houghton Mifflin, 1997.

McGee, John W. "Predatory Price Cutting: The Standard Oil (N.J.) Case." *Journal of Law and Economics* 1 (1958): 137–69.

McKenzie, Richard B. *What Went Right in the 1980s*. San Francisco: Pacific Research Institute for Public Policy, 1994.

Meese, Edwin, III. *With Reagan: The Inside Story*. Washington, D.C.:

Regnery Gateway, 1992.

Millis, Walter. *Road to War: America, 1914–1917*. Boston: Houghton Mifflin, 1935.

Morison, Samuel Eliot. *The Oxford History of the American People*. 2 vols. Vol. 1: *Prehistory to 1789*. New York: Meridian, 1994 [1965].

Morse, H. Newcomb. "The Foundations and Meaning of Secession." *Stetson Law Review* 15 (1986): 419–36.

Murray, Charles. *Losing Ground: American Social Policy 1950–1980*, 10th anniversary edition. New York: Basic Books, 1994 [1984].

Olasky, Marvin. *The Tragedy of American Compassion*. Washington, D.C.: Regnery Gateway, 1992.

Olson, William J. and Alan Woll. "Executive Orders and National Emergencies: How Presidents Have Come to 'Run the Country' by Usurping Legislative Power." Cato Institute Policy Analysis No. 358, October 28, 1999.

Payne, James L. *Overcoming Welfare*. New York: Basic Books, 1998.

Pipes, Richard. *A Concise History of the Russian Revolution*. New York: Knopf, 1995.

Powell, Jim. *FDR's Folly*. New York: Crown Forum, 2003.

Raico, Ralph. "The Politics of Hunger: A Review." *Review of Austrian Economics* 3 (1989): 253–59.

Rand, Ayn. *Capitalism: The Unknown Ideal*. New York: Signet, 1967.

Reed, Lawrence W. "A History Lesson for Free-Market Pessimists." *The Freeman*, March 1997.

———. "Ideas and Consequences: Of Meat and Myth." *The Freeman*, November 1994.

Reeves, Thomas C. *A Question of Character: A Life of John F. Kennedy*. New York: Free Press, 1991.

Reisman, George. *Capitalism*. Ottawa, Ill.: Jameson Books, 1996.

Reynolds, Morgan O. *Making America Poorer: The Cost of Labor Law*. Washington, D.C.: Cato, 1987.

Richer, Matthew. "Busing's Boston Massacre." *Policy Review*, November-December 1998.

Richman, Sheldon. "Reading the Second Amendment." *The Freeman*, February 1998.

Roberts, Paul Craig and Lawrence Stratton. *The New Color Line: How Quotas and Privilege Destroy Democracy*. Washington, D.C.: Regnery, 1995.

——. *The Tyranny of Good Intentions: How Prosecutors and Bureaucrats are Trampling the Constitution in the Name of Justice*. Roseveille, Calif.: Forum, 2000.

Rockwell, Llewellyn H., Jr., ed. *The Economics of Liberty*. Auburn, Ala.: Ludwig von Mises Institute, 1990.

——. *Speaking of Liberty*. Auburn, Ala.: Ludwig von Mises Institute, 2003.

Rothbard, Murray N. *America's Great Depression*, 4th ed. New York: Richardson & Snyder, 1983.

——. *Conceived in Liberty*. 4 vols. New Rochelle, N.Y.: Arlington House, 1975–1979.

——. *Making Economic Sense*. Auburn, Ala.: Ludwig von Mises Institute, 1995.

Schansberg, D. Eric. *Poor Policy: How Government Harms the Poor*. Boulder, Colo.: Westview Press, 1996.

Schwab, Larry M. *The Illusion of a Conservative Reagan Revolution*. New Brunswick, N.J.: Transaction, 1991.

Schweikart, Larry. *The Entrepreneurial Adventure: A History of Business in the United States*. Fort Worth, Tex.: Harcourt College Publishers, 2000.

Shogun, Robert. *Hard Bargain: How FDR Twisted Churchill's Arm, Evaded the Law, and Changed the Role of the American Presidency*. Boulder, Colo.: Westview Press, 1995.

Siegel, Fred. *The Future Once Happened Here: New York, D.C., L.A., and the Fate of America's Big Cities*. New York: Free Press, 1997.

Smiley, Gene. *The American Economy in the Twentieth Century*. Cincinnati, Ohio: South-Western Publishing, 1994.

Smith, Hedrick. *The New Russians*. New York: Random House, 1990.

Sowell, Thomas. *Civil Rights: Rhetoric or Reality?* New York: William Morrow, 1985.

——. *Inside American Education: The Decline, the Deception, the Dogmas*. New York: Free Press, 1993.

Springer, James Warren. "American Indians and the Law of Real Property in Colonial New England." *American Journal of Legal History* 30 (1986): 25–58.

Tanner, Michael. *The End of Welfare: Fighting Poverty in the Civil Society.* Washington, D.C.: Cato, 1996.

Taylor, Jared. *Paved with Good Intentions: The Failure of Race Relations in Contemporary America.* New York: Carroll & Graf, 1992.

Thernstrom, Stephan and Abigail Thernstrom. *America in Black and White: One Nation, Indivisible.* New York: Simon & Schuster, 1997.

Thornton, Mark and Robert B. Ekelund, Jr. *Tariffs, Blockades and Inflation: The Economics of the Civil War.* Wilmington, Del.: Scholarly Resources, 2004.

Tindall, George Brown and David Emory Shi. *America: A Narrative History*, vol. II, brief 5th ed. New York: W.W. Norton, 2000.

Trifkovic, Srdja. "Jihadist Hotbed in the Balkans: The Truth Is Out." http://www.chroniclesmagazine.org/News/Trifkovic04/NewsST011004.html

Vaughn, Alden T. *New England Frontier: Puritans and Indians, 1620–1675.* Norman, Okla.: University of Oklahoma Press, 1995.

Veale, F.J.P. *Advance to Barbarism: The Development of Total Warfare.* New York: Devin-Adair, 1968.

Watts, Dale E. "How Bloody Was Bleeding Kansas? Political Killings in Kansas Territory, 1854–1861." *Kansas History* 18 (Summer 1995): 116–29.

Woods, Thomas E., Jr. "Cobden on Freedom, Peace, and Trade." *Human Rights Review* 5 (October-December 2003): 77–90.

——. "Great Depression: Ending." In Robert Allison, ed., *History in Dispute*, vol. 3: *American Social and Political Movements, 1900–1945: Pursuit of Progress*. Detroit: St. James Press, 2000, pp. 65–9.

索　引

A

AAA. *See* Agricultural Adjustment Act Acheson, Dean, 193
ACLU. *See* American Civil Liberties Union
Acton, Lord, 74
Adams, Abigail, 21
Adams, John, 11,12
Adams, John Quincy, 64, 65
Addams, Jane, 123,159
AFDC. *See* Aid to Families with Dependent Children
affirmative action, 206–12, 241
Agricultural Adjustment Act, 147
agriculture: Great Depression and, 141–42; Hepburn Act of 1906 and, 96–97; Reagan and, 236
Agriculture Department (USDA), 147, 148
Aid to Families with Dependent Children (AFDC), 221, 222, 227, 236

Akron Law Review, 83
Alabama, 23, 61
Albania, 242
Albany Plan of Union (1754), 10
ALCOA, 106–8
Alcott, Louisa May, 59
Algonquins, 6
Alien and Sedition Acts of 1798, 34–35
Allies, 109,110
Amalgamated Clothing Workers, 160
Amerasia, 169,170
America's Great Depression (Rothbard), 139
America First Committee, 151,178–79
American Anti-Slavery Society, 63
American Civil Liberties Union (ACLU), 22–23, 223
American liberty: American Revolution and, 11; colonial

cultural differences and, 2–3; colonial origins of, 1–10; individual, 5; religion and, 3–6; War for Independence and, 11
American Revolution: causes of, 11; conservatism of, 11–14; French Revolution vs., 11,13–14; liberty and, 11; as "revolution", 11; self-government and, 14; traditional rights and, 11,13
AmeriCorps, 240
Ames, Fisher, 23
Anderson, Martin, 236
Anderson, Sherwood, 179
Andros, Sir Edmund, 10
The Anti-Capitalist Mentality (Von Mises), 93
Antitrust: The Case for Repeal (Armentano), 106
Antitrust and Monopoly: Anatomy of a Policy Failure (Armentano), 106
antitrust laws, xiii, 98,103,105–8
Arizona, 45, 46
Arkansas, 61, 69
Armentano, Dominick, 98,106
Arnall, Ellis G., 198
Articles of Confederation, 17
Associated Press, 164
AT&T, 233
Atlantic, 147
Atlantic Conference, 177
Austria, 68,127, 190
Austria-Hungary, 109

B

Bakke, Allen, 195
Baldwin, Hanson, 178–79
Balkans, 239, 242–45
Barnes, Harry Elmer, 109
Baruch, Bernard, 158
Bauer, Peter, 191
Beale, Howard, 91–92
Beard, Charles, 179
Beccaria, Cesare, 25
Beecher, Henry Ward, 79, 85
Belgium, 110–11
Benjamin, Daniel K., 151
Berger, Raoul, 83
Bernstorff, Johann von, 115
Best, Dean, 141
The Best of Burke: Selected Writings and Speeches of Edmund Burke (Stanlis), 13
Big Four, 126
Big Three, 185
Bill of Rights, 20, 23–24, 24–25, 26
bin Laden, Osama, 244–45
Blaine Amendment, 21
Blaine, James G., 21
Bledsoe, Albert Taylor, 39
Bolshevik Revolution, 157,166
Bond, James E., 83
Borchard, Edwin, 176
Bosnia, 243
Boston Female Anti-Slavery Society, 53–54
Bovard, James, 240, 241
Boyle, James E., 147
Braintree Instructions (1765), 11

Bray, James, 5
Brazil, 73–74
Breindel, Eric, 168
Brennan, William, 211
Brewer, Sam Pope, 189
Britain: end of World War I and, 126; freedom in, 4; hunger blockade of, 111–13; migration from, 1; railroads and, 96; U.S. Civil War and, 72; World War I and, 109, 111–13, 117, 120–22; World War II and, 173, 175, 183
British constitution, 12–14
Britton, Nan, 134
Brockdorff-Rantzau, Ulrich, 127
Brophy, John, 160
Brown, John, 58–59, 69
Browning, Orville, 85
Brown v. Board of Education, 197–98, 199–200
Bryan, William Jennings, 117–18
Buchanan, James, 63
Bulgaria, 109
Bullitt, William, 184
Bureau of Agricultural Economics, 147
Burke, Edmund, 13
business: in 1920s, 133; antitrust laws and, xiii, 98, 103, 105–8; corporate takeovers and, 233–34; government and, 93–94; New Deal and, 149; predatory pricing and, 93, 97–100; wages and, 141
Butler, Benjamin, 71–72
Byrd, William, II, 2

C

Calhoun, John C., 36, 37–38
California, 45, 49, 89; Proposition 187 in, 84; Proposition 209 in, 240
California, University of, Davis, 208–10
Campbell, Judith, 215
Carnaffin, Tom, 244
Carnegie, Andrew, 93, 101–2, 103
Caro, Robert A., 217
Case, Clifford, 206–7
Cass, Lewis, 47–48
Central Pacific (CP), 94–95
Central Powers, 109
The Challenge of Russia (Eddy), 159
Chamberlain, Mellen, 15
Channing, Stephen, 59
charitable giving, 231, 232
Chase, Stuart, 159, 163
Chavis, Patrick, 209
Cherokees, 70
Chicago Tribune, 81
Chickasaws, 70
China, 179–80, 183, 186–87, 191–92
Choate, Rufus, 54
Choctaws, 70
Christianity. *See* religion
Churchill, Winston, 214; Cold War and, 187; Stalin and, 184, 187; World War I and, 112, 113, 114–15, 121; World War II and, 177
Church of England, 2
Citywide Educational Coalition,

202

civil rights: affirmative action and, 206–12; Civil Rights Act of 1964, 205–12; forced busing and, 200–204; Fourteenth Amendment and, 195, 196; school desegregation and, 195–200; U.S. Supreme Court and, 195

Civil Rights: Rhetoric or Reality? (Sowell), 211

Civil Rights Act of 1866, 80, 83

Civil Rights Act of 1964, 205–12

Civil War, U. S.. *See* U.S. Civil War

Clark, Joseph, 206–7

Clark, Kenneth, 196–97, 204–5

Clinton, Bill, 221, 222; affirmative action and, 240–41; budget and, 237; as "centrist", 239, 240–41; domestic policy of, 240; education and, 240; foreign policy of, 241–44; impeachment of, 239; scandals and, 244–45; U.S. military deployments and, 239, 242–44

Cloward, Richard, 226

CNN Diplomacy, 241–42

Cohen, William, 244

Cold War: Marshall Plan and, 189–92; Soviet Union and, 184

colonists: American liberty and, 1–10; Christianity and, 1; conservatism of, 11; cultural differences among, 1–3; diversity and, 1, 2; legacy of, 10; racism and, 6–7; religion and, 2, 3–6; self-government and, 9–10

Colorado, 45

Columbus *Sentinel*, 82

The Coming of the Civil War (Craven), 48

communism: in American government, 168–72; Marshall Plan and, 189–90; Soviet Union and, 158

Compromise of 1850, 48–49

Confederate States of America, 62

Congo, 242

Congress of Vienna (1814–1815), 124

Connecticut, 8, 9

Conquest, Robert, 164–65, 165–66, 167

A Conspiracy So Immense (Oshinksy), 168

Constitution, U.S. *See* U.S. Constitution

Constitutional Convention, 17, 28

"The Constitution Not a Compact Between Sovereign States" (Webster), 35

Coogan, John, 112

Coolidge, Calvin, 131, 134, 136–38

Coplon, Judith, 171

Corcoran, Thomas, 170

Corwin, Edward, 176

Cotton, Tammaria, 209

Couch, Jim F., 151

Counts, George S., 159

Cowen, Tyler, 190

Coxe, Tench, 23
CP. *See* Central Pacific
Cramer, Charles, 135
Craven, Avery O., 48
Creeks, 70
Crisis of Fear (Channing), 59
Croatia, 243
cummings, e. e., 179
Cunard Line, 115–16
Curley, James, 157
Currie, Lauchlin, 168,170
Currin v. Wallace, 154
Czechoslovakia, 126,183

D

Daily Chicago Times, 68
Darrow, Clarence, 111
Davies, Joseph, 166–67
Davis, Forrest, 185
Davis, Jefferson, 62
Dayton peace accords (1995), 243
Decade of Greed, 231–37; charitable giving and, 231, 232; Milken and, 232–35; Reagan's budget cuts and, 235–36
"Declaration by the People of the Cherokee Nation of the Causes Which Have Impelled them to Unite Their Fortunes With Those of the Confederate States of America," 70
Declaration of Independence, 56
"Declaration of the Gentlemen, Merchants, and Inhabitants" (Mather), 10

Declaration on Liberated Europe, 186
Dedham Covenant, 4
DeHaven, Tad, 220
Delaware Valley, 1
Democrats, 46, 47
desegregation. *See* civil rights
Dewey, John, 159–60
DiLorenzo, Thomas, 72, 98
District of Columbia, 49
Dixon, James, 79
Dodge, Grenville, 96
Doolittle, James, 86
Douglas, Paul, 160
Douglas, Stephen, 48–49, 66
Dow Chemical Company, 103
Dow, Herbert, 93, 103–5
Dreiser, Theodore, 179
due process of law, 4,57
Duggan, Laurence, 168
Duke Power Company, 207–8
Duncan, Isadora, 157
Duranty, Walter, 157, 162, 164, 165, 167, 172

E

East Africa embassy bombings, 244
East Timor, 242
Ebeling, Richard, 186
economy, government and, 140, 232
Ecuador, 242
Eddy, Sherwood, 159
Edwards, Chris, 220

Eisenhower, Dwight, 203, 213, 216, 231
Elementary and Secondary Education Act of 1965, 217
Eliot, John, 6
El Shifa Pharmaceutical Industries Company, 244
emancipation, compensated, 44
emancipation societies, 44
Emerson, Ralph Waldo, 59
Engel v. Vitale, 21
England. *See* Britain
English Civil War, 61–62
Epstein, Julius, 188
Erhard, Ludwig, 190
Evans, M. Stanton, 21

F
Falaba, 114
farmers. *See* agriculture
FDR's Folly (Powell), 148
Federal Farm Board (FFB), 142
The Federalist, 2,19, 24, 36
Federalists, 47; Republicans vs., 34–42
federal judiciary. *See* U.S. Supreme Court
Federal Register, 245
Federal Reserve System, 139
Federal Trade Commission, 105
"Feeling Your Pain": The Explosion and Abuse of Government (Bovard), 240
Ferguson, Niall, 110
Feuer, Lewis, 159

FFB. *See* Federal Farm Board
Fifteenth Amendment, 85
Fifth Amendment, 57
First Amendment, 3, 4, 17, 20–22, 23
Fischer, David Hackett, 3
Fischer, Fritz, 109
Fleming, Thomas, 124
Florida, 61
Flynn, John T., 148,178
Folsom, Burton, Jr., 94, 98
Foner, Eric, 52
Food and Drug Administration, 241
For Cause and Comrades: Why Men Fought in the Civil War (McPherson), 69
Ford, Gerald, 173,179
Fortune magazine, 233
Fourteen Points, 125–27
Fourteenth Amendment, 21, 241; civil rights and, 195,196; ratification of, 77, 86–90; Reconstruction and, 83–90; states' rights and, 83–90
France, 34, 37; Marshall Plan and, 190; U.S. Civil War and, 72; World War I and, 109, 110, 126; World War II and, 173,183
Franklin, Benjamin, 10
Freedmen's Bureau Bill, 80
freedom. *See* American liberty
Free Soil Party, 46
French Revolution, American Revolution vs., 11,13–14
Freud, Sigmund, 130

fugitive slave laws, 39, 49

G
Gabon, 242
Gallatin, Albert, 34
Gallaway, Lowell, 148,149,150
Gamble, Hamilton, 55
Garrison, William Lloyd, 44, 63–64, 65, 74
Garrity, W. Arthur, Jr., 201
General Electric Defense Quarterly, 215
General Motors, 106
Geneva Conventions, 188
Genovese, Eugene, 33,161
Georgetown Law Review, 215
Georgia, 21, 61, 73
Gerard, James, 119
Germany, 68,103–5,190; British hunger blockade of, 111–13; end of World War I and, 126–27; Marshall Plan and, 190; submarine warfare of, 113–14, 117; *Sussex* pledge and, 119–20; World War I and, 109–11, 111–15, 119–20; World War II and, 173, 177–78, 179, 183
Gettysburg Address, 75
Giancana, Sam, 213, 215
Giles, William Branch, 34
Gillis, James, 151
Gingrich, Newt, 237
Gold, Harry, 171
Gore, Thomas P., 122
government: big, 245–46; big business and, 93–94; Clinton and, 240; Communists in, 157,168–72; economy and, 140, 232; "general welfare" and, 31–34; monopoly and, 103; power of, 4, 17, 26; railroads and, 93, 94–96; religion and, 4, 21–22; self-, 9–10,14; states vs., 31–34
Graham, John Remington, 55, 57
Grain Stabilization Corporation, 142
Grant, Ulysses S., 67, 82
Great Britain. *See* Britain
Great Depression: beginning of, 139; FDR and, 140; Hoover and, 140–44; New Deal and, 139, 145–54; taxation and, 143–44; unemployment and, 140–41; World War II and, 139,154–55
Great Mistakes of the War (Baldwin), 178
Great Northern Railroad, 96–97
Great Society, 227–30
The Great Terror (Conquest), 167
Greece, 190
Greeley, Horace, 68
Greenspan, Alan, 105–6
Green v. County School Board of New Kent County, 198–200
Grew, Joseph C., 180
Griggs v. Duke Power Company, 207–8
Guadalupe Hidalgo, Treaty of, 45
gun ownership, 22–24

252

H

Halbrook, Stephen P., 23
Hamilton, Alexander, 19, 24, 27, 31, 34, 36
Hand, Learned, 106
Hard Bargain (Shogun), 176
Harding, Warren, 130–31, 140; policy of, 133–34; prosperous 1920s and, 136–37; scandals and, 134–35
Harper's Ferry, Virginia, 58–59
Harriman, Averell, 186
Harvard College, 6
The Harvest of Sorrow (Conquest), 164
Hatcher, Patrick Lloyd, 228
Hawthorne, Nathaniel, 59
Head Start, 218
Healy, Gene, 91–92
Henry, Patrick, 12, 19
Henry, Robert Selph, 80
Hepburn Act of 1906, 96–97
Herzogovina, 243
Higgs, Robert, 135, 149, 155
Hill, James J., 96, 97
Hillman, Sidney, 160
Hiss, Alger, 171
Hitchens, Christopher, 244
Hitler, Adolf, 187; Czechoslovakia and, 126; Versailles Treaty and, 131, 173; World War II and, 175, 177–78, 181
Ho Chi Minh, 230
Holbrooke, Richard, 243
Hollywood, 157, 168
Holt, Michael, 46
Homestead Works, 102
Hong Kong, China, 191–92
Hoover, Herbert, 173, 181; agricultural policy of, 141–42; FDR vs., 144; Great Depression and, 140–44; public spending and, 144; Soviet Union and, 158; taxation and, 143–44; World War II and, 179
Hoover, J. Edgar, 168–69, 169–70, 171
Hopkins, Harry, 185
Horne, Lena, 198
House of Representatives, U. S., 157, 168
"How Many Madisons Will We Find?," 39
Hull, Cordell, 175
Humphrey, Hubert, 206
Hurston, Zora Neale, 199

I

IBM, 106
Illinois, 21, 53, 81–82
Impressions of Russia (Dewey), 159
Indiana, 48, 81
Indians: Puritans and, 1, 6–9; U.S. Civil War and, 70–71
Indochina, 180
Industrial Revolution, 14
International Court of Justice, 114
International Ladies Garment Workers' Union, 160

International Monetary Fund, 168
International Review of Law and Economics, 98
Interstate Commerce Commission, 96
Ireland, 1
Islamic radicalism, 239
Italy: end of World War I and, 126; Marshall Plan and, 190; World War I and, 109; World War II and, 179,183

J

Jackson, Andrew, 37, 47
Jackson *Clarion*, 82
Jackson, Robert, 176
Jackson, Robert H., 105
Jackson, Stonewall, 69
Jamaica, 54–55
James II, King, 9,10
Jamestown, Virginia, 5
Japan, World War II and, 179–81,183
Jay, John, 2, 19
Jefferson, Thomas: Alien and Sedition Acts of 1798 and, 34–35; checks and balances and, 33; federal judiciary and, 40–41; gun ownership and, 25; Kentucky Resolutions of 1798 and, 37, 38; nullification and, 40; secession and, 65; states' rights and, 20–22, 26; U.S. Civil War and, 62; U.S. Constitution and, 14, 29, 31

Jessup, Philip, 168
Job Corps, 219–21
John M. Olin Institute for Employment Practice and Policy, 150
Johnson, Andrew, 85; impeachment of, 90–92; Reconstruction and, 78, 80, 82–83, 86–87, 92
Johnson, Lyndon B.: domestic policy of, 217–21; education and, 217–18; health care and, 218–19; legacy of, 217–21; Vietnam War and, 227–30; welfare and, 221–22, 221–27; nickname of, 216; unemployment and, 219–21
Jones, Wesley, 118–19
Journal of American History, 198
Journal of Law and Economics, 99
Justice Department, 105, 169–70, 240–41

K

Kaiser Aluminum Company, 210, 211
Kallen, Horace M., 160–61
Kansas, 49–51, 58
Kansas Chief, 51
Kansas-Nebraska Act (1854), 49, 51, 57
Kennedy, John F., 171,173, 228; AFC and, 179; as author, 214–15; electoral success of, 215–16; World War II and, 179; reality of, 213–17

Kennedy, Joseph, 171, 214, 215
Kennedy, Robert, 171
Kentucky Resolutions of 1798, 35–37, 39
Khrushchev, Nikita, 216
Kilpatrick, William, 160
Kissinger, Henry, 228
Klarman, Michael, 198
Klehr, Harvey, 170
Kolko, Gabriel, 101
Konoye, Fumimaro, 181
Korea, 180
Korean War, 27, 28, 192–93
Kosovo, 243
Krupps steelworks, 102
Kuwait, 242

L

labor unions, 133, 149–50, 160–61
Laffer, Arthur, 136
La Follette, Robert, 119
Lansing, Robert, 117, 121–22
Larsen, Emmanuel, 169
Laski, Harold, 214
Lattimore, Owen, 168
League of Nations, 125, 126, 128–30, 193
Leahy, William, 186
Lee, Robert E., 59, 69, 71–72, 74
Left, American, 166
Lend-Lease Act (1941), 176
Lenin, Vladimir Ilyich, 157–58
Lewinsky, Monica, 239, 245
Lewis, Sinclair, 173, 179
liberalism, sixties, 221–24
Liberia, 242
liberty. *See* American liberty
Liberty Press, 37
Life, 215
Lincoln, Abraham, 27, 35, 52, 59, 63, 90, 145; racial views of, 66–67; Reconstruction and, 77–78; secession and, 63; U.S. Civil War and, 61
Lindbergh, Charles, 173, 179
Lithuania, 127
Lodge, Henry Cabot, 128–29, 133–34
Long, Breckinridge, 175
Longworth, Alice Roosevelt, 179
Look, 215
Losing Ground (Murray), 221, 225
Louisiana, 61
Louisiana Territory, 43–44
Lusitania, 115–19

M

Macedonia, 242
MacNider, Hanford, 179
MACV. *See* Military Assistance Command Vietnam
Madison, James, 62, 90; Alien and Sedition Acts of 1798 and, 35; national bank and, 31–32; nullification and, 38–39, 40; U.S. Constitution and, 17–18, 19, 24, 29; Virginia Resolutions and, 37
Magna Carta (1215), 11
Maine, 9, 43–44
Making America Poorer: The Cost

of Labor Law (Reynolds), 150
Malkin, Michelle, 209
Manchuria, 179–80, 186
Mansfield, Lord, 55
Mao Tse-Tung, 178, 183
Marshall, George, 169,189
Marshall Plan, 183, 189–92
Mason, George, 25, 33
Mason, Lowell, 105
Massachusetts, 1,2, 3–5, 9, 53–54
Massachusetts Body of Liberties, 4
Massachusetts Supreme Court, 53–54
Masters, Edgar Lee, 179
Mather, Cotton, 10
Matusow, Allan, 218, 219
Maynard, Horace, 78–79
McCall's, 215
McCarthy, Joseph, 157,168–72,179
McCaw Cellular, 233
McClure's magazine, 158
McDonald, Forrest, 90
McDougall, Walter, 227, 228, 229
McGee, John W., 99
MCI, 233
McKenzie, Richard, 232, 233
McLemore, Jeff, 122
McPherson, James, 69
Medicaid, 218
Medicare, 218, 219, 237, 245
Meese, Ed, 235–36
Mellon, Andrew, 133,136–37, 143
Mencken, H.L., 75,138,173,179
Mexican Cession, 45, 48, 49
Mexican Civil War, 117

Mexican War, 45
Mexico, 45
Military Assistance Command Vietnam (MACV), 228
Milken, Michael, 232–35
Miller, Henry, 173,179
Minnesota, 21
Mission to Moscow (Davies), 167
Mississippi, 61, 80, 81, 82
Missouri, 43–44, 51
Missouri Compromise, 43, 46, 48, 49, 57
monopoly: antitrust laws and, 108; government and, 103; predatory pricing and, 93, 97–100
Monroe, James, 47
Montgomery bus boycott, 195
Moore, John Bassett, 114
Moore, Roy, 23
Moynihan, Daniel Patrick, 176
Muggeridge, Malcolm, 165
Mukhalian, Yolanda, 209
Murray, Charles, 221–22, 223–24, 225, 227
Myers v. United States, 90–91
The Myth of the Robber Barons: A New Look at the Rise of Big Business in America (Folsom, Jr.), 98

N

NAACP. *See* National Association for the Advancement of Colored People
The Nation, 161,165

National Association for the Advancement of Colored People (NAACP), 196, 201
National Industrial Recovery Act (NIRA), 145, 152
National Institute of Education, 218
National Labor Relations Act. *See* Wagner Act (1935)
National Legal and Policy Center, 150
National Recovery Administration, 145, 147
National Welfare Rights Organization (NWRO), 226
NATO. *See* North Atlantic Treaty Organization
Nebraska, 48–49
Nevada, 45
The New Color Line: How Quotas and Privilege Destroy Democracy (Roberts and Stratton), 211
New Deal: agriculture and, 146–49; business and, 149; failure of, 154; FDR and, xiii, 140; Great Depression and, 139, 145–54; impact of, 139; labor legislation and, 149–50; public-works projects of, 150–52; U.S. Supreme Court and, 152–54
New England: community aspect of, 4; Dominion of, 9–10; Puritan, 9; secession and, 47, 65
New England Frontier: Puritans and Indians, 1620–1675 (Vaughan), 9
New Hampshire, 9
New Jersey, 89
New Mexico, 43, 45, 48, 49
The New Republic, 159, 167
New York, 9, 10, 18, 63
New York Times, 50, 103, 143, 157, 162, 164, 178, 189, 226
Ngo Dinh Diem, 228–29
1920s: business in, 133; economy of, 135; prosperity of, 133; taxation and, 136–38
Ninth Amendment, 20, 24–26
NIRA. *See* National Industrial Recovery Act
Nisbet, Robert, 185, 186
Nixon, Richard, 151, 206, 216, 229, 231
Norris, Kathleen, 179
North: commerce and, 68–69; protectionism and, 61; Reconstruction and, 77; slavery and, 43; South vs., 43–59
North Atlantic Treaty Organization (NATO), 243
North Carolina, 61, 69
North Dakota, 21
nullification, 31, 37–42
NWRO. *See* National Welfare Rights Organization

O

OEO. *See* Office of Economic Opportunity
Office of Economic Opportunity

(OEO), 226
Office of Federal Contract Compliance, 210
On Crimes and Punishment (Beccaria), 25
On the Law of Nations (Moynihan), 176
Operation Keelhaul, 187–89
Oregon, 88–89
Oshinsky, David, 168
Ottoman Empire, 109
Out of Work: Unemployment and Government in Twentieth-Century America (Vedder and Gallaway), 148

P

Pacific Railway Act of 1862, 94
Page, Walter Hines, 113
Pan American World Airways, 106
Parks, Rosa, 195
Patterson, Buzz, 241–42
Pearl Harbor, 27
Penn, William, 2
Pennsylvania, 2, 3, 9
Pequots, 7–8
Pequot Wars, 7
Perlo, Victor, 171
Petition of Right (1628), 11
Philadelphia *Federal Gazette*, 23
Phillips, Carrie, 134
Phillips, Wendell, 69
Piedmont, 67–68
The Pity of War (Ferguson), 110
Piven, Frances Fox, 226

Plessy v. Ferguson, 195,197
Poland, 126,173,183
popular sovereignty, 46, 47
Pottawatomie Creek Massacre, 58
Powell, Jim, 147,148
Powell, Lewis, 210
prayer, 21–22
predatory pricing, 93, 97–100
Preston, Captain, 15
Profiles in Courage (Kennedy, Jr.), 214
Proposition 187 (California), 84
Proposition 209 (California), 240
Providence, Rhode Island, 7
Prussia, 67–68
Publius, 19
Pujol, Emilio Perez, 243
Puritans: colonial cultural differences and, 2; Indian land and, 1, 7–9; Indians and, 6–7; as racists, 6–7; religious freedom and, 3–5

Q

Quakers, 2

R

racism: colonists and, 6–7; U.S. Constitution and, 18
Radical Republicans: Reconstruction and, 78–80, 83–84, 86–89, 91–92; Union and, 87
Radosh, Ronald, 170
Raico, Ralph, 117
railroads, 93, 94–96

Randolph, Edmund, 28
Randolph, John, 33
Rawle, William, 64, 65
Reagan, Ronald: budget cuts and, 231, 235–36; government and, 231
Reckless Disregard (Patterson), 242
Reconstruction: black suffrage and, 78; Fourteenth Amendment, 83–90; Johnson and, 78, 80, 82–83, 86–87, 92; Lincoln and, 77–78; North vs. South and, 77; presidential, 77–80; Radical Republicans and, 78–80, 83–84, 86–89, 91–92; rule of law and, 83; South's black codes and, 80–83; states' rights and, 83–90; taxation and, 236–37; U.S. Constitution and, 77
Reconstruction Finance Corporation (RFC), 144
Red Cross, 145, 198
Reeves, Thomas, 215
Regents of the University of California v. Bakke, 195, 208–10
Reisman, George, 156
religion: colonists and, 2, 3–6; government and, 4, 21–22; states and, 17; U.S. Constitution and, 3, 20
Religious Society of Friends. *See* Quakers "Remarks on the First Part of the Amendments to the Federal Constitution" (Coxe), 23
Republicans, 47; Clinton and, 239; Federalists vs., 34–42; postwar, 213, 231; Radical, 78–80, 83–84, 86–89, 91–92; slavery and, 51–53, 58
Reston, James, 218
Revenue Act of 1932, 143
Reynolds, Morgan, 150
RFC. *See* Reconstruction Finance Corporation
Rhode Island, 2, 7, 9, 10, 13, 15, 18, 63
Richer, Matthew, 202
Roach, Loretta, 202–3
Robbins, Lionel, 142
Roberts, Carey, 81
Roberts, Paul Craig, 197–98, 211
Robinson, Jackie, 198
Rockefeller, David, 234
Rockefeller, John, 93, 99–101, 102, 103
Rogers, Will, xiii
Romerstein, Herbert, 168
Roosevelt, Franklin D., 27; agricultural policy of, 146–49; business and, 149; Great Depression and, 139, 140, 145; Hoover vs., 144; labor legislation and, 149–50; New Deal and, xiii, 140, 145, 145–54; Operation Keelhaul and, 188; publicworks projects and, 150–52; Stalin and, 184–87; U.S. Supreme Court and, 152–54; World War II and, 173–81
Roosevelt, Theodore, 101
Roosevelt and Stalin: The Failed Courtship (Nisbet), 185, 186

The Roosevelt Myth (Flynn), 148
Rosenberg, Ethel and Julius, 171
Rossiter, Clinton, 19
Roth, Andrew, 169
Rothbard, Murray N., 139, 234
Ruffin, Edmund, 59
Russia. *See* Soviet Union
"Russia from a Car Window" (Villard), 161
Russian Revolution, 159
Russo-Japanese War (1904–1905), 117
Rwanda, 242

S

Saenz v. Roe, 89
Sand, Leonard, 91
Saturday Evening Post, 185
Schwieger, Walter, 116
Scopes trial (1925), 111
Scotland, 1
Scott, Dred, 43, 53–58, 83
Scott, Otto, 58, 80
secession, 18, 47, 59, 61
Second Amendment, 20, 22–24
The Secret Six: John Brown and the Abolitionist Movement (Scott), 58
self-government: American Revolution and, 14; colonists and, 9–10; states and, 17–22
Seminoles, 70
Service, John Stewart, 168, 169
Seymour, Horatio, 92
The Shame of the Cities (Steffens), 158

Sherman, John, 103
Sherman, William, 72–73, 79, 82
Sherman Antitrust Act (1890), 98, 103, 106
Shi, David, 146
Shogun, Robert, 176
Shughart, William F., II, 151
Siegel, Fred, 224–25
Sierra Leone, 242
Silliman, Benjamin, 100
slavery: abolition of, 44, 61, 88; Compromise of 1850 and, 48–49; debate over, 43, 48; *Dred Scott* decision and, 43, 53–58; freesoil tradition and, 46, 47, 52; Missouri Compromise and, 43, 46, 48, 49, 57; North and, 43; opposition to, 44; political power and, 48–49, 52; popular sovereignty and, 46, 47; Republicans and, 51–53; in territories, 45–59; U.S. Civil War and, xiii, 61, 65–66, 73–74
Slovenia, 243
Smith, Jess, 135
Smoot-Hawley Tariff, 143,144
Sobran, Joe, 231
Social Security, 149, 220, 236, 245
Somalia, 242
Sommersett, James, 54–55
Sommersett's Case, 54–56
South: black codes in, 80–83; blacks' rights and, 82–83; commerce and, 68–69; free trade and, 61; North vs., 43–59; Reconstruction and, 77; Union and, 46

South Carolina: nullification and, 37–40; secession and, 59, 61
South Dakota, 21
The Soviet Challenge to America (Counts), 159
Soviet Union: American intellectuals and, 157–60; American sympathizers with, 157; Cold War and, 184; communism and, 158; experiment of, 159–60; New Economic Policy in, 158; Operation Keelhaul and, 187–89; Stalin's atrocities in, 162–65; U.S. aid to, 158; U.S. labor unions and, 160–61; World War I and, 109
Sowell, Thomas, 206, 211
Spanish Civil War, 61–62
Special Supplemental Nutrition Program for Women, Infants, and Children (WIC), 222
Spellman, Francis, 185
Springer, James Warren, 8
St. Louis Democrat, 51
Stalin, Joseph, 179, 183; collectivization policy of, 163; FDR and, 184–87; Five Year Plan of, 162; show trials of, 166–67; starving of Ukrainians by, 157, 162–66
Stamp Act Congress (1765), 13
Stamp Act of 1765, 11–12, 15
Standard Oil, 99–100, 101
Stanlis, Peter J., 13
Stanton, Edwin, 90
states: federal government vs., 31–34; nullification and, 31, 37–42; religion and, 17; rights of, 33, 83–90; secession and, 61, 62–65; self-government and, 17–22
Steffens, Lincoln, 158, 159
Stevens, Thaddeus, 78
Stewart, Maxwell, 159
Stigler, George, 98
Stimson, Henry, 181
Stone, William, 122
Story, Joseph, 24, 35
Stowe, Harriet Beecher, 79
Stratton, Lawrence, 197–98, 211
Sudan, 242, 244
Sumner, Charles, 78
Supreme Court, U. S.. *See* U.S. Supreme Court
Swann v. Charlotte-Mecklenburg Board of Education, 200, 203

T

Taft, Robert A., 192
Taft, William Howard, 90–91, 129
Taney, Roger, 55–56, 57
TANF *See* Temporary Assistance for Needy Families
Tariff of 1828, 39
Tariff of 1832, 39
taxation: 1920s and, 136–38; British constitution and, 12; colonial self-, 12; Great Depression and, 143–44; Reagan and, 236–37; U.S. Constitution and, 12, 17; without consent, 12–13; without representation, 4; World War I

and, 136
Tax Reform Act of 1986, 236
Taylor, John, 33
Taylor, Zachary, 47
Teheran Conference, 184–85
Temporary Assistance for Needy Families (TANF), 222
Ten Commandments, 22, 23
Tennessee, 61, 69, 86, 88
Tenth Amendment, 20, 26, 35, 62
Tenure of Office Act (1867), 90
Texas, 21, 45, 49, 61
That Every Man Be Armed: The Evolution of a Constitutional Right (Halbrook), 23
Their Eyes Were Watching God (Hurston), 199
The Theme is Freedom: Religion, Politics, and the American Tradition (Evans), 21
Thernstrom, Stephan and Abigail, 201
Thirteenth Amendment, 88
Thomas, Clarence, 199
Thoreau, Henry David, 59
Tindall, George, 146
Tisserant, Eugene Cardinal, 189
Titanic, 116
Tocqueville, Alexis de, 65
Tojo, Hideki, 181
Tooley, Hunt, 110
Trask, H. A. Scott, 81
Tripartite Pact, 179
Truman, Harry, 186; foreign aid and, 191–92; Korean War and, 192–93; Operation Keelhaul and, 188
Truman Doctrine, 192
Tucker, St. George, 33
Tugwell, Rexford, 140, 159
Turner, Nat, 44
Turner Broadcasting, 233
Tydings Committee, 170

U
Ukraine, 157, 163–65
UN. *See* United Nations
unemployment, 140–41, 146, 219–21
Union, 18; nationalist theory of, 35–36; Radical Republicans and, 87; South and, 46; U.S. Civil War and, 65–66, 67–68
Union and Liberty (Calhoun), 37
Union Pacific (UP), 94–96
United Nations (UN), 185–86, 193, 205
United States: aid to Soviet Union by, 158; end of World War I and, 126; foreign aid programs of, 191–92; Left in, 166; Soviet espionage in, 167–68; Soviet experiment and, 159–60; Vietnam War and, 227–30; World War I and, 27, 110, 114–18, 124–25, 177–79; World War II and, 174, 181
U.S. Civil War: beginning of, 61; as "civil," 61–62; commerce and, 68–69; Gettysburg Address and, 75; Lincoln and, 66–68; reasons

for fighting, 69, 71; secession and, 62–65; slavery and, xiii, 61, 65–66, 73–74; total war and, 71–74; Union and, 65–66, 67–68

U.S. Constitution: Antifederalist objections to, 19–20; Bill of Rights, 20, 23–24, 24–25, 26; broad construction of, 34; broad reading of, 13; checks and balances and, 33–34; Fifteenth Amendment, 85; Fifth Amendment, 57; First Amendment, 3,4, 17, 20–22, 23; Fourteenth Amendment, 21, 83–90,195,196; fugitive slave clause of, 54; general welfare clause of, 32–33, 38; gun ownership and, 22–24; necessary and proper clause of, 31; Ninth Amendment, 20, 24–26; nullification and, 36–37; power of government and, 4,17, 26; power of states and, 26; racism and, 18; ratification of, 10; Reconstruction and, 77; religion and, 3, 20; secession and, 62–63; Second Amendment, 20, 22–24; states' rights and, 17–22; strict constructionist interpretation of, 33; strict construction of, 34; taxation and, 12,17; Tenth Amendment, 20, 26, 35, 62; Thirteenth Amendment, 88; three-fifths clause of, 17,18; Union and, 35–36; war powers and, 26–29

U.S. Forest Service, 241

U.S. Supreme Court: church–state relations and, 21; Civil Rights Act of 1964 and, 207–12; civil rights and, 195; *Dred Scott* decision and, 43, 53–58, 83; New Deal and, 152–54; nullification and, 40

United States v. Aluminum Company of America, 106

U.S. v. Yonkers, 91

U.S. Steelworkers of America v. Weber, 211

United Steelworkers of America, 210

UP. *See* Union Pacific

Upshur, Abel, 40–42

USDA. *See* Agriculture Department

Utah, 45, 48, 49, 95

V

Vallandigham, Clement, 68

Van Buren, Martin, 46

Vaughan, Alden, 7, 9

Veale, F. J. P., 71–72

Vedder, Richard K., 148, 149, 150

Venona Project files, 167–68, 170

The Venona Secrets: Exposing Soviet Espionage and America's Traitors (Romerstein and Breindel), 168

Versailles Treaty, 127–31,173

Vicksburg Herald, 82

Vidal, Gore, 179

Vietnam War, 28, 227–30

A View of the Constitution (Rawle), 64
Villard, Henry, 96
Villard, Oswald Garrison, 161–62
Virginia, 1, 3, 5–6, 10, 18, 61, 63, 69
Virginia Resolutions of 1798, 37, 39
Virginia Resolves, 12–13
Von Hagen, Mark, 164
Von Hoffman, Nicholas, 170–71
Von Mises, Ludwig, 93, 155

W

Wagner Act (1935), 149
Wallace, Henry, 146
Wallis, John Joseph, 151
War Between the States. *See* U.S. Civil War
War for Independence. *See* American Revolution
War for Southern Independence. *See* U.S. Civil War
War of 1812, 47
War of Northern Aggression. *See* U.S. Civil War
Washington, George, 31, 145
Washington Post, 170
Watergate, 151
Watts, Dale, 50
Weber, Brian, 210–11
Webster, Daniel, 35–36, 44, 68
Weinstein, Jack B., 196
welfare, 89; LBJ and, 221–27; sixties liberalism and, 221–24
The Western Front: Battle Ground and Home Front in the First World War (Tooley), 110
What Went Right in the 1980s (McKenzie), 233
"Where Everyone Has a Job" (Stewart), 159
Whigs, 46, 47, 51
White, Harry Dexter, 168
White, Henry, 125
Why England Slept (Kennedy, Jr.), 214
WIC. *See* Special Supplemental Nutrition Program for Women, Infants, and Children
Wickard v. Fillburn, 154
William and Mary, 10
Williams Act of 1967, 233–34
Williams, Harrison, 207
Williams, Roger, 7, 8
Wilmot, David, 44
Wilmot Proviso, 44–45, 46
Wilson, Edmund, 159
Wilson, James, 28
Wilson, Woodrow, 27, 133, 193; Fourteen Points of, 125–27; German submarine warfare and, 113–14; idealism of, 109; League of Nations and, 128–30; mental instability of, 130; peace conference and, 125–27; World War I and, 110, 113–15, 116–17, 118–25; World War II and, 109
Winthrop, John, 4
Wisconsin, 39–40, 53, 57

Wood, Robert, 179
Works Progress Administration (WPA), 151–52
World Bank, 168
World War I: causes of, 109–11; end of, 125–27; *Lusitania* and, 115–19; propaganda and, 111; submarine warfare in, 113–14, 117, 124; *Sussex* pledge and, 119–23; taxation and, 136; United States and, 27, 114–15, 116–18, 124–25, 177–79; Versailles Treaty and, 127–31; Wilson and, 113–15, 116–17, 118–25
World War II: aftermath of, 183–93; America First Committee and, 178–79; beginning of, 173–81; consequences of, 183; FDR and, 173–81; Great Depression and, 139, 154–55; Pearl Harbor, 27, 181; Versailles Treaty and, 131, 173; Wilson and, 109
WPA. *See* Works Progress Administration
Wright, Frank Lloyd, 179
Wright, Gavin, 151
Wyoming, 45

Y

Yago, Glenn, 233
Yalta Conference, 185–86, 189
Yugoslavia, 243

图书在版编目(CIP)数据

你一定不知道的美国史/(美)托马斯·伍兹著;
陶文佳译.—上海:上海社会科学院出版社,2018
书名原文:The Politically Incorrect Guide to American History
ISBN 978-7-5520-2275-9

Ⅰ.①你… Ⅱ.①托… ②陶… Ⅲ.①美国—历史—通俗读物 Ⅳ.①K712.09

中国版本图书馆CIP数据核字(2018)第072299号

上海市版权局著作权合同登记号:09-2015-599

THE POLITICALLY INCORRECT GUIDE TO AMERICAN HISTORY By
THOMAS E. WOODS JR.
Copyright:© 2004 BY THOMAS E. WOODS JR.
This edition arranged with Regnery Publishing
Through BIG APPLE AGENCY, INC., LABUAN, MALAYSIA.
Simplified Chinese edition copyright:
2019 SHANGHAI ACADEMY OF SOCIAL SCIENCES PRESS
All rights reserved.

你一定不知道的美国史
The Politically Incorrect Guide to American History

著　者:	[美]托马斯·伍兹(Thomas E. Woods)
译　者:	陶文佳
责任编辑:	董汉玲
特约编辑:	潘　炜
封面设计:	周清华
出版发行:	上海社会科学院出版社
	上海顺昌路622号 邮编200025
	电话总机021-63315947　销售热线021-53063735
	http://www.sassp.org.cn　E-mail:sassp@sass.org.cn
排　版:	南京展望文化发展有限公司
印　刷:	上海新文印刷厂有限公司
开　本:	890×1240毫米　1/32
印　张:	8.75
插　页:	1
字　数:	193千
版　次:	2019年2月第1版　2021年9月第2次印刷

ISBN 978-7-5520-2275-9/K·439　　定价:59.80元

版权所有　翻印必究